FBT
ÜBERLEBEN

Kompetenzhandbuch für Eltern:
Familienbasierte Behandlung (FBT)
für Anorexia nervosa bei Kindern
und Jugendlichen

MARIA GANCI

Veröffentlicht in Australien durch
LMD Publishing
Melbourne, Australien
Erstmals veröffentlicht in Australien 2015

Katalogisierungseintrag der National Library of Australia

Ganci Maria, Autor

FBT ÜBERLEBEN: Kompetenzhandbuch für Eltern: Familienbasierte Behandlung (FBT) für Anorexia nervosa bei Kindern und Jugendlichen

Amanda Spedding, Herausgeberin

Themen: Essstörungen - Behandlung - Anorexia nervosa - Anorexie bei Kindern - Patienten - Familienbeziehungen. Magersucht im Jugendalter - Patienten-Familien-Beziehungen.

Dewey-Nummer: 616.8526

ISBN: 978-0-6485889-0-0 (Deutsches Taschenbuch)

Titelfotografie von Squishface Studios
Cover-Layout und Design von Grafikdesigner video_intropro
Gedruckt von Kindle Direct Publishing

Haftungsausschluss

ÜBER DEN AUTOR

Maria Ganci ist registrierte Sozialarbeiterin für klinische psychische Gesundheit und psychoanalytische Psychotherapeutin für Kinder und Jugendliche. Marias Interesse an Essstörungen begann 2005, und im Jahr 2007 war sie eines der Gründungsmitglieder des spezialisierten Programms für Essstörungen (Specialist Eating Disorders Program) am Royal Children Hospital in Melbourne. Seit dieser Zeit konzentriert sie sich ausschließlich auf die familienbasierte Behandlung (FBT) und die jugendorientierte Behandlung (AFT). Ihr Engagement für Familien bewegte sie dazu, ein Diplom in Ernährungswissenschaften an der Deakin University zu machen.

Während ihrer Arbeit im Specialist Eating Disorder Program war Maria Ganci leitende FBT-Therapeutin in einer randomisierten kontrollierten Studie, in der die Wirksamkeit von zwei Behandlungen für juvenile Anorexia Nervosa verglichen wurde – familienbasierte Therapie und elternorientierte Therapie unter Anleitung von Prof. Daniel LeGrange und Dr. Katharine Lobe, beide internationale Experten auf dem Gebiet der Essstörungen.

2014 wurde Maria Ganci als Fakultätsmitglied des Ausbildungsinstituts für Essstörungen bei Kindern und Jugendlichen in Chicago, USA, aufgenommen und bietet derzeit akkreditierte Supervision, Schulungen und Beratung zum Thema FBT an. Weitere Informationen finden Sie auf ihrer Website **www.mariaganci.com**

Illustrations by Ben Hutchings, *Squishface Studio*.

*Dieses Buch ist allen Familien gewidmet,
die den schwierigen Weg zur Genesung durchstehen.*

*Ich hoffe, dieses Buch gibt Ihnen das Wissen,
die Kraft und den Mut, den Weg bis zum Ende zu gehen.*

DANKSAGUNG

Während der Jahre der Behandlung und Erforschung von Anorexia Nervosa haben mich viele Eltern um weitere Informationen gebeten, um zu verstehen, wie Magersucht ihr Kind kontrolliert und wie sie ihm helfen können, sich zu erholen.

Dieses Handbuch wurde aus diesen Anfragen heraus entwickelt und richtet sich speziell an Eltern, die mit ihrem jugendlichen Kind eine familienbasierte Behandlung von Anorexia Nervosa durchführen. Es basiert auf Erkenntnissen aus langjähriger praktischer Erfahrung und Forschung darüber, was die Behandlung erfolgreich macht, einschließlich dessen, was Eltern tun können und müssen, um die Genesung ihres Kindes zu fördern.

Ich danke den Hunderten von Familien, die ich durch FBT geführt habe, ohne deren Erfahrung dieses Handbuch nicht möglich wäre. Sie haben mit mir zusammengearbeitet und mir erlaubt, von ihnen zu lernen, während ich ihren Schmerz und ihre Erfolge geteilt habe. Ich bin euch allen für immer dankbar. Besonderer Dank geht an die Familien, die mit Ratschlägen und Überlegungen zu diesem Handbuch beigetragen haben.

So wie die Behandlung von Anorexia Nervosa einen Teamansatz zur Unterstützung der Familie erfordert, benötigt ein Therapeut auch die Unterstützung von Kollegen und deren Organisation. Deshalb danke ich allen meinen Kollegen im Royal Children's Hospital für ihre anhaltende Unterstützung. Ich bin auch dankbar für alle Möglichkeiten, die mir die Organisation bietet, um meine Fähigkeiten zu erweitern. Herzlichen Dank an Professor Daniel LeGrange und Dr. Katharine Lobe für ihre unermüdliche und geduldige Betreuung, die mich immer dazu gebracht hat, meine Arbeit weiter zu reflektieren und zu erforschen. Besonderer Dank geht an Dr. Linsey Atkins, mit der ich meine FBT-Reise begonnen und fortgesetzt habe, für ihre Unterstützung und Inspiration.

Ein besonderer Dank geht an meine Herausgeber Amanda J Spedding und Julie Postance für ihre endlosen Ratschläge, ohne die dieses Buch nicht möglich gewesen wäre.

Mein herzlicher Dank geht an ein engagiertes Team von Übersetzern – Katharina Heyne und Diana Heim – sowie die Lektorin Nadine Dietrich. Mein Dank geht auch an Manuela Scharkowski, Ernährungsberaterin, die freundlicherweise die Speisepläne übersetzt und adaptiert hat. Eltern, die weitere Unterstützung von Manu suchen, können sie unter **m.scharkowski@ googlemail.com** kontaktieren.

Schließlich danke ich meiner wundervollen Familie, die mich bei all meinen Unternehmungen immer unterstützt hat.

Es gibt immer Raum für Verbesserungen. Wenn Eltern der Meinung sind, dass sie dieses Handbuch durch ihre persönlichen Erfahrungen verbessern können, um anderen zu helfen, senden Sie mir bitte eine E-Mail an **mariaganci84@ gmail.com**. Besuchen Sie auch meine Website **www.mariaganci.com**

VORWORT

Es ist kaum vorstellbar, dass etwas für Eltern schwieriger ist, als ihr Kind bei der Bewältigung einer Essstörung zu unterstützen. Die Kombination von medizinischem Risiko, jugendlichem Widerstand und erforderlicher elterlicher Beharrlichkeit versetzt sie in eine einzigartige Situation, die jedes Elternteil auf die Probe stellt. Es muss in früheren Zeiten umso schwieriger gewesen sein, als Fachleute betonten, die Familie sei Teil des Problems und nicht die Lösung. Glücklicherweise wurde in den letzten 30 Jahren immer deutlicher, dass Familien eine wichtige Ressource bei der Behandlung von Magersucht sind und zu dauerhaften Veränderungen beitragen können. Dies ändert natürlich nichts an der Erfahrung, dass die Aufgabe überwältigend und stressig ist. Sie können sich jedoch auf die Forschungsergebnisse verlassen, die hinter der *familienbasierten Behandlung stehen* und dass andere Familien vor Ihnen diese Anstrengung auf sich genommen haben.

FBT Überleben ist eine wichtige Ressource, die Ihnen hilft, mit der Behandlung umzugehen und diese überhaupt zu beginnen – mit Erinnerungen an die wichtigsten Richtlinien, die Ihnen helfen, Ihr Kind gesund zu machen. Auf diesen Seiten finden Sie konsistente Ratschläge, wie Sie als Eltern zusammenarbeiten können. Sie lernen, Ihrem Kind die Menge und die Art der Nahrung zu geben, die es benötigt, und ihm zu helfen, mit den Behandlungserfahrungen umzugehen. Es wird Sie auch daran erinnern, auf sich selbst zu achten, damit Sie Ihre Familie so schnell wie möglich zu ihren normalen Routinen und Aktivitäten zurückbringen können.

FBT Überleben bietet praktische, direkte und kompetente Ratschläge, die leicht verständlich sind und Ihre Therapietermine ergänzen. Sie können darauf vertrauen, dass der Rat in *FBT Überleben* von einer erfahrenen Therapeutin stammt, die vielen Familien bei der Behandlung geholfen hat.

Herr Andrew Wallis

Co-Leiter, Essstörungsdienst, Kinderkrankenhaus, Westmead, Australien Fakultätsmitglied, Ausbildungsinstitut für Essstörungen bei Kindern und Jugendlichen

DIE REISE

Dieses Handbuch soll Eltern auf ihrem Weg zur Wiederherstellung der Gesundheit ihres Kindes unterstützen und helfen. Die meisten Eltern werden auf diesem Weg das Gefühl haben, bei stürmischem Wetter durch unbekannte Gewässer zu segeln, in der Hoffnung, ein weit entferntes Ziel zu erreichen. Die meisten Eltern beginnen ihre Reise mit minimalen Segelfähigkeiten und sind voller Zweifel, ob sie ihr Ziel jemals erreichen werden.

Sie erhalten eine Karte namens familienbasierte Behandlung (FBT), die ihnen ebenfalls fremd ist und die scheinbar seltsame Erziehungspraktiken beschreibt. Diese widersprechen vielen festen Überzeugungen von Eltern, die sich vor der Krankheit ihres Kindes logisch und angenehm anfühlten und die ihren Zweck erfüllten.

Ihnen wird gesagt, dass die Reise intensiv sein wird und sie sie schnell abschließen müssen, um ihrem Kind die besten Chancen zu geben, das Ziel sicher und bei guter Gesundheit zu erreichen.

Die FBT-Reise ist in der Tat für die meisten Eltern schwierig, da ihr Kind die Reise nicht mit ihnen antreten möchte und verzweifelt versucht, ihre heldenhaften Bemühungen zu sabotieren.

Die Eltern müssen ihr ganzes Vertrauen in die Behandlung und in ihre eigenen Fähigkeiten setzen, um ans Ziel zu gelangen. Die Reise ist anspruchsvoll und erfordert all ihre Energie und inneren Ressourcen. Je größer die Bereitschaft ist, sich an die FBT-Karte zu halten, ohne vom Kurs abzuweichen, desto größer ist ihre Chance, das Ziel zu erreichen.

Die meisten Eltern beenden die Reise trotz aller Hindernisse und stürmischen Wetters auf dem Weg. Wenn sie ihr Ziel erreichen, sind sie dankbar, dass das gesunde Kind, das sie einmal kannten, zurückgekehrt ist. Ihr Leben kann jetzt zur Normalität zurückkehren. Alle Eltern sagen, dass diese Reise die schwierigste war, die sie jemals in ihrem Leben gemacht haben.

Nur Eltern haben die Entschlossenheit und den Mut, diese Reise zu vollenden, denn es ist ihre Liebe und Bindung zu ihrem Kind, die ihnen die Ausdauer gibt, um erfolgreich zu sein.

MUT & STÄRKE FÜR IHRE REISE

INHALTSVERZEICHNIS

Was ist Magersucht?

Anorexia Nervosa ist eine Essstörung, von der eine große Anzahl männlicher und weiblicher Jugendliche betroffen ist. Der Beginn liegt normalerweise bei Frauen zwischen 15 und 19 Jahren und bei Männern zwischen 17 und 26 Jahren.* Aktuelle Zahlen gehen davon aus, dass ungefähr 1 von 100 jugendlichen Mädchen Magersucht entwickelt und das Verhältnis von Männern zu Frauen 1:10 beträgt.* Magersucht ist eine psychische Erkrankung mit schweren medizinischen Komplikationen. Dies macht es zu einer verheerenden Krankheit mit einer der höchsten Sterblichkeitsraten aller psychiatrischen Störungen. Die Sterblichkeitsrate für Anorexia Nervosa steigt mit jedem Jahrzehnt der Dauer der Erkrankung.

Anorexia bedeutet „Appetitverlust", dies ist jedoch weit von der Wahrheit entfernt, da der Appetitverlust zunächst selbst auferlegt und psychisch bedingt ist und die Symptome so weit eskalieren, dass der Jugendliche nur noch minimal in der Lage ist, ohne elterliche Unterstützung zu normalisiertem Essen zurückzukehren.

Die Hauptmerkmale der Magersucht sind die Beschäftigung mit dem Körperbild, die zu einem Streben nach Dünnheit führt, zusammen mit der extremen Angst vor Gewichtszunahme. Dies geht mit einer Beschäftigung mit Gedanken über Nahrung, Kalorien und Gewicht einher. Bei vielen Jugendlichen beginnen die Symptome zunächst mit der Beschäftigung mit „gesunder Ernährung". Während der Fokus auf Gesundheit für Eltern zunächst sinnvoll sein mag, wird die Sorge schnell „ungesund", da die Kalorienaufnahme auf ein nicht nachhaltiges Niveau reduziert wird, das die normale Entwicklung und die täglichen Aktivitäten nicht aufrechterhalten kann.

Um ein niedriges Körpergewicht aufrechtzuerhalten, werden die Jugendlichen die Zufuhr von Lebensmitteln einschränken – entweder von allen oder von ausgewählten Lebensmittelgruppen. Viele Jugendliche zeigen außerdem Verhaltensweisen zur Entleerung des Körpers. Das kann Erbrechen, die Verwendung von Abführmitteln und Diuretika und Sport umfassen. Es ist das niedrige Körpergewicht und diese gefährlichen Verhaltensweisen, die zu schwerwiegenden medizinischen Komplikationen führen.

Bei Jugendlichen, die nicht genügend Gewicht verloren haben, um die Gewichtskriterien für Anorexia zu erfüllen, aber alle Symptome von Anorexia aufweisen, wird in der Regel eine atypische Anorexia diagnostiziert. Diese tritt normalerweise auf, wenn über einen kurzen Zeitraum eine große Menge an Gewicht verloren wurde.

Jugendliche, die an Aktivitäten wie Tanzen, Tauchen, Ballett und ähnlichen teilnehmen, die die ideale, sehr schlanke Form erfordern und fördern, scheinen häufiger Essstörungen zu haben. Magersucht tritt häufig mit anderen psychiatrischen Störungen wie Depressionen, Angstzuständen und Zwangsstörungen auf.

Wir wissen nicht, warum einige Jugendliche Anorexia Nervosa oder eine Essstörung entwickeln, aber wir wissen Folgendes:

ALTER – Jüngere Jugendliche haben eine viel bessere Genesungsrate als ältere Jugendliche.[1]

DAUER DER KRANKHEIT – Eine frühzeitige Diagnose und Behandlung ist für die Genesung von entscheidender Bedeutung. Jugendliche mit einer Magersucht von weniger als drei Jahren Dauer haben bessere Genesungsraten. Je länger der Jugendliche an Magersucht leidet, desto schlechter ist die Prognose.[1]

FRÜHE GEWICHTSZUNAHME – Eine frühe Gewichtszunahme von ca. 500 g pro Woche in den ersten vier Behandlungswochen hat ebenfalls zu einem besseren Ergebnis geführt.[2]

Denken Sie daran: Je schneller sich Ihr Kind erholt, desto besser ist seine Prognose!

Auswirkungen der Magersucht auf den Körper meines Kindes

Magersucht wirkt sich auf jeden Teil des Körpers Ihres Kindes aus. Die medizinischen Komplikationen sind eine direkte Folge von Gewichtsverlust und Unterernährung und können langfristige Folgen haben, wenn der Körper weiterhin in einem ausgehungerten Zustand bleibt.

Trockene Haut, bläuliche Verfärbung, leichte Blutergüsse und verzögerte Wundheilung, Lanugo (Wachstum von feinem Körperhaar).

Starke Verringerung der Knochenmasse, die zu Osteopenie und dem Risiko einer langfristigen Osteoporose führt.

Jungen – Verminderter Testosteronspiegel, Veränderungen der Sexualfunktion und des Sexualtriebs.

Nierensteine, Nierenversagen

Herzinsuffizienz, niedriger Blutdruck, langsame oder schnelle Herzfrequenz, Rückgang des Herzmuskels.

Kälteintoleranz, da der Körper nicht genügend Energie hat, um sich zu erwärmen.

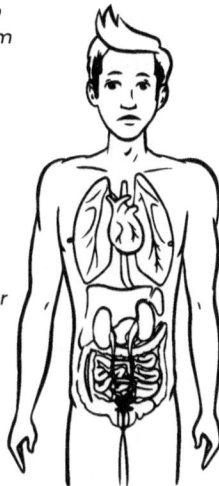

Blut- und Körperflüssigkeitsprobleme, Anämie, geringe Kalium-, Magnesium- und Natriumspiegel

Reduzierte Stoffwechselrate, Müdigkeit und Energiemangel

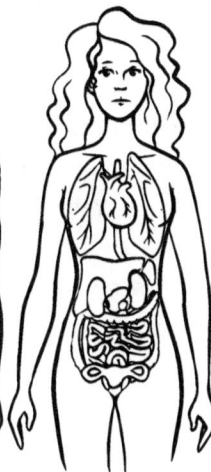

Erbrechen kann zu Dehydration, Entzündungen und Rissen der Speiseröhre sowie zu Erosion des Zahnschmelzes führen

Haar lichtet sich, wird spröde und fällt aus.

Rückgang der Gehirnmasse, schlechte Konzentration und Entscheidungsfindung traurig, launisch und reizbar

Mädchen – Menstruelle Dysfunktion, Ausbleiben von Perioden und mögliche langfristige Reproduktionsprobleme

Verstopfung, Schmerz, Blähungen und mögliche dauerhafte Beeinträchtigung der Dickdarmfunktion

Verlust von Muskelmasse, Muskelschwäche und geschwollene Gelenke

Verzögerte sexuelle Entwicklung oder Unterbrechung und mögliche irreversible Wachstumsverzögerung

Auswirkungen von Magersucht auf Ihre Familie

Abgesehen von den verheerenden psychischen und physiologischen Auswirkungen auf Ihr Kind kann Magersucht überwältigende und belastende Auswirkungen auf die Familie haben. Die Schwere der Magersucht und die Intensität der Behandlung können viele Familien unter enormen Stress setzen.

Leider führt die Abwehrhaltung Ihres Kindes zu vielen Kämpfen zwischen Ihnen und Ihrem Kind und möglicherweise auch zu Kämpfen mit Ihrem Partner, wenn Sie sich beide nicht auf Strategien zum Umgang mit der Situation einigen können. Der ständige Konflikt um Nahrung und Gewichtszunahme kann dazu führen, dass Ihr Kind sich auffällig benimmt , und sein extremes Verhalten kann Sie erschrecken und beunruhigen, da Sie noch nie gesehen haben, dass Ihr Kind sich so verhält.

Ein wichtiger Bestandteil der Behandlung und eine Hauptaufgabe für Familien ist es, zu lernen, die Krankheit von ihrem Kind zu trennen. Eltern müssen verstehen, dass ihr Kind völlig von Gedanken beherrscht wird, die durch die Magersucht hervorgerufen werden. Diese führen dazu, dass sie der Behandlung nicht mehr folgen. Wenn Sie diese Tatsache akzeptieren, werden Sie feststellen, dass es nicht Ihr Kind ist, sondern die Magersucht, die sein Verhalten bestimmt. So können Sie mitfühlender und vorwurfsfrei reagieren und werden Verstößen mit mehr Ruhe begegnen.

Jüngere Geschwister sind äußerst verletzlich, wenn sie ein hohes Maß an Bedrängnis, Missbrauch und Verhalten ihrer kranken Geschwister beobachten. Einige Geschwister fühlen möglicherweise Ärger über ihre kranke Schwester oder ihren kranken Bruder. Sie könnten der Meinung sein, dass ihre Eltern nicht genug für sie da sind, da die Eltern den größten Teil ihrer Zeit der Ernährung und Betreuung ihres magersüchtigen Kindes widmen müssen.

Trotz der Anforderungen der FBT an Ihre Zeit ist es wichtig, den Tagesablauf der Geschwister aufrechtzuerhalten, um ärgerliche Gefühle zu reduzieren und gleichzeitig sicherzustellen, dass sie in die Behandlung einbezogen werden. Die meisten Kinder sorgen sich um die Gesundheit ihres magersüchtigen Geschwisters. Daher ist es wichtig, dass sie ausreichend über die Krankheit und die Behandlung informiert werden und sich sicher sind, dass es ihren kranken Geschwistern gut geht.

Einige Geschwister sorgen sich auch übermäßig, wenn sie sehen, dass ihre Eltern verzweifelt sind, und machen sich möglicherweise Sorgen über die Auswirkungen auf die Gesundheit ihrer Eltern. Es ist wichtig, sich dieser Probleme bewusst zu sein, Sicherheit zu bieten und mit Ihrem Therapeuten zu sprechen, wenn Sie sich Sorgen über die Gesundheit der Geschwister ihres magersüchtigen Kindes machen.

Es ist auch wichtig, dass Sie sich um Ihr eigenes Wohlbefinden kümmern. Viele Eltern brauchen selbst eine Auszeit und bitten um Unterstützung von Verwandten und Freunden. Denken Sie daran, je gefestigter Ihr eigener psychischer Zustand ist, desto stärker werden Sie sein, um die Magersucht Ihres Kindes zu bekämpfen.

Was ist Familienbasierte Behandlung (FBT)?

Familienbasierte Behandlung (FBT) ist eine manuelle Behandlung für Anorexia Nervosa, die von J. Lock & D. LeGrange entwickelt wurde.[1] Es handelt sich um eine evidenzbasierte Behandlung, das heißt, sie wurde getestet und zeigt konsistente Ergebnisse in ihrer Wirksamkeit. FBT gilt derzeit als die beste Behandlung für Jugendliche unter 19 Jahren und mit einer Krankheitsdauer von weniger als drei Jahren.

Die Behandlungsdauer kann zwischen sechs und 12 Monaten liegen. Die meisten Eltern sind normalerweise in der Lage, die Gesundheit ihres Kindes während dieser Zeit wiederherzustellen. Untersuchungen zeigen, dass es bei korrekter Einhaltung keinen Unterschied zwischen einer sechsmonatigen und einer zwölfmonatigen Behandlungsdauer gibt.[3]

FBT wird in drei Behandlungsphasen unterteilt:

PHASE 1 - AUFBAUENDE ERNÄHRUNG UND WIEDERHERSTELLUNG DES GEWICHTS

Während dieser Zeit sind die Eltern für die aufbauende Ernährung ihres Kindes verantwortlich, was bedeutet, dass die Eltern die Kontrolle über die Lebensmittelauswahl, Menge und Zubereitung der Mahlzeiten haben. Die Eltern müssen auch sicherstellen, dass ihr Kind keine sportlichen Aktivitäten oder für die Magersucht typische Verhaltensweisen ausübt, die Energie und Kalorien verbrauchen. Daher kann eine ständige Überwachung erforderlich sein. Diese Entscheidungen werden mit Unterstützung und Anleitung des FBT-Therapeuten getroffen. Die der elterlichen Kontrolle zugrunde liegende Philosophie ist, dass der Jugendliche aufgrund der Stärke der Magersucht, die sein Denken über eine angemessene, gesunde Ernährung dominiert und verzerrt, nicht in der Lage ist, mit dem Essen und den richtigen Ernährungsgewohnheiten umzugehen. In diesem Stadium der Behandlung ist es falsch anzunehmen, dass Ihr Kind einen Einblick in seine Krankheit hat. Die Realität ist, dass Ihr Kind wahrscheinlich glaubt, dass es ihm gut geht; es ist wahrscheinlich nicht bereit, sich auf eine Behandlung einzulassen und hat den Wunsch, trotz Ihrer verzweifelten Bemühungen, ihm Nahrung zuzuführen, dünn zu bleiben.

PHASE 2 - RÜCKGABE DER KONTROLLE ÜBER DAS ESSEN AN DEN JUGENDLICHEN

Als Folge der neu ausgerichteten Nahrungszufuhr wird erwartet, dass die Verzweiflung und das durch die Magersucht bestimmte Verhalten Ihres Kindes nachlassen. Hoffentlich beginnt Ihr Kind, Einsicht in seine Krankheit zu bekommen. In Phase 2 sollte Ihr Kind eine Vielzahl von Lebensmitteln essen und sich beim Essen wohler fühlen. Während das verzerrte Denken Ihres Kindes nicht vollständig verschwunden ist (was noch einige Zeit in Anspruch nehmen wird), können viele Jugendliche mit einer guten Gewichtszunahme normalerweise ihre durch die Magersucht bestimmten Gedanken viel besser handhaben. Zu diesem Zeitpunkt berichten Eltern normalerweise, dass sich die Stimmung ihres Kindes verbessert hat und sie interaktiver geworden sind. Viele Eltern haben nun das Gefühl, mehr von ihrem Kind zu sehen als nur die Magersucht. Diese Zeichen der Genesung sind für jedes Kind individuell. Daher kann der Beginn von Phase 2 von Familie zu Familie unterschiedlich sein. In Phase 2 geben die Eltern nach angemessenen Anzeichen einer Genesung nach und nach die entwicklungsgerechte Kontrolle über das Essen und die Entscheidungen an ihr Kind zurück und helfen ihm gleichzeitig, Rückfälle im Denken und bei der Nahrungsaufnahme zu bewältigen.

PHASE 3 - ABSCHLUSS DER BEHANDLUNG UND IDENTIFIZIERUNG VON PROBLEMEN BEI JUGENDLICHEN, DIE MÖGLICHERWEISE BEHOBEN WERDEN MÜSSEN

Während dieser Phase wird davon ausgegangen, dass der Jugendliche wieder genügend Gewicht hat, in der Lage ist, unabhängig zu essen, und wieder normale jugendliche Aktivitäten ausübt. Der Kern dieser Phase liegt auf der Ermittlung von Problemen, die eine angemessene Entwicklung von Jugendlichen behindern. Ihr Therapeut wird Ihnen helfen, geeignete

Pläne zu erstellen, um diese Probleme anzugehen. Wenn Ihr Kind an bereits bestehenden psychischen Problemen wie Angstzuständen und Zwangsstörungen litt, sollten diese im Anschluss an die FBT behandelt werden. Das Hauptziel dieser Phase ist, dass Familie und Jugendliche zu einem normalen Leben ohne Essstörung zurückkehren.

Die Hauptmerkmale von FBT sind:

- Die Eltern werden als Akteure der Veränderung angesehen. Daher zielt die Behandlung darauf ab, die Eltern zu befähigen, die Gesundheit ihres Kindes wiederherzustellen. Die Annahme ist, dass die Eltern die beste Ressource sind, um die Genesung ihres Kindes herbeizuführen.

- FBT nimmt eine agnostische Haltung ein. Die Behandlung beschuldigt niemanden, die Krankheit verursacht zu haben, und sucht auch nicht nach einer zugrunde liegenden Ursache für die Magersucht. Die Haltung bei FBT ist, dass Ihr Kind an Magersucht leidet, was lebensbedrohlich ist. Daher müssen Sie und Ihr Behandlungsteam den Gesundheitszustand Ihres Kindes so schnell wie möglich verbessern.

- FBT externalisiert die Magersucht. Dies bedeutet, dass der Jugendliche nicht für die Magersucht verantwortlich ist, sondern dass die Krankheit seine Psyche übernommen hat und so mächtig geworden ist, dass er sich nicht mehr von der Krankheit befreien kann. Daher benötigt er die Hilfe der Eltern, um sich zu erholen.

Ihr Kind hat die besten Heilungschancen, wenn Sie in der Lage sind, die für die Behandlung erforderliche Konsistenz einzuhalten und aufrechtzuerhalten. Ein Abschwächen oder eine Änderung der Behandlung wird nicht empfohlen und kann sich negativ auf das Ergebnis auswirken. FBT ist eine sehr intensive Behandlung, da Sie ständig mit zwei starken Kräften konfrontiert werden:

1. **Ihr Kind glaubt nicht, dass es ihm schlecht geht. Sein verzerrtes Denken sagt ihm, dass es einfach „großartig" ist, weil es dünn ist, deshalb hat es keine Motivation, sich zu ändern.**

2. **Ihr Kind will Ihre Hilfe nicht und sieht Sie möglicherweise als den Feind, der versucht, es fett zu machen.**

FBT ist das Rezept, um Ihr Kind gesunden zu lassen

KRANKES KIND – MEDIZIN IST MEDIKAMENTÖS

 $\rightarrow$ Behandlung mit Antibiotika $\rightarrow$ 1 Tablette 4 × täglich

MAGERSÜCHTIGES KIND – MEDIZIN IST ESSEN

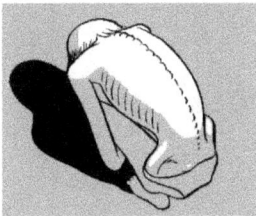 $\rightarrow$ Behandlung mit FBT $\rightarrow$ 3 Mahlzeiten, 3 Snacks 3000+ CAL pro Tag

DIE KRANKHEIT VOM KIND TRENNEN

Ein weiterer Hauptteil von FBT trennt die Krankheit von Ihrem Kind. Ihr Therapeut wird Ihnen helfen, typisches jugendliches Verhalten und Verhalten, das von der Magersucht beeinflusst wird, zu erkennen. Das durch die Magersucht bestimmte Verhalten ist für viele Eltern sehr fremd, verwirrend und belastend, da es so untypisch für ihr zuvor gesundes Kind ist. Sobald Eltern darauf aufmerksam gemacht werden, dass das Verhalten ihres Kindes von der Magersucht gesteuert wird, können Eltern das Verhalten leichter handhaben.

Viele Jugendliche hassen ihre Eltern und / oder den Therapeuten, die betonen, dass es die Krankheit ist und nicht sie, die ihr Verhalten bestimmen, und antworten möglicherweise wütend mit „es ist nicht die Magersucht, ich bin es" oder „das ist, was ich tun möchte, nicht die Anorexie".

Eine gute und einfache Analogie, mit der Eltern und Jugendliche besser verstehen, was der Therapeut mit der Trennung von Krankheit und Kind meint, ist der Vergleich mit einem Kind, das eine körperliche Krankheit oder Infektion entwickelt. Wenn sich Ihr Kind erkältet, wird es von einem Virus befallen, das viele Veränderungen in seinem Körper bewirkt. Seine Temperatur steigt, es hat möglicherweise eine laufende Nase, Halsschmerzen, Schmerzen usw. Es verliert möglicherweise auch den Appetit, wird müde und träge, desinteressiert und kann sich nicht konzentrieren. Während es noch Ihr Kind ist, ist es vom Virus betroffen und verhält sich unter dem Einfluss des Virus sehr unterschiedlich. Abhängig von der Schwere der Krankheit und den viralen Symptomen kann es sogar wahnhaft werden, wenn seine Temperatur zu hoch steigt. Dies ähnelt dem, was Ihrem Kind passiert, wenn es Magersucht entwickelt. Es ist immer noch Ihr Kind, aber sein Verhalten wird durch die Magersucht beeinflusst.

Was bedeutet Genesung?

Vollständige Genesung – das Ideal:

· Zurück zum „normalisierten" Essen. Dies bedeutet, spontan und eigenständig essen zu können, wenn man hungrig ist.

· Fähigkeit, eine Vielzahl von Lebensmitteln ohne Angst vor Kalorien und / oder Gewichtszunahme zu essen.

· Freiheit von magersüchtigen Gedanken und Sorgen um Nahrung und Gewicht.

· Den eigenen Körper lieben und akzeptieren, wie er ist, trotz einiger „normativer Unzufriedenheit", die viele Menschen erleben, die aber keinen Einfluss auf den Lebensstil hat.

· Rückkehr zum normalen körperlichen Wachstum und zur Entwicklung, die es dem Jugendlichen ermöglicht, sein Wachstumspotenzial auszuschöpfen. Für Frauen beinhaltet dies das Wiedereinsetzen der Menstruation.

· Teilnahme an normalen jugendlichen Aktivitäten wie Schule, Freizeit mit Freunden und Familie, Sport treiben und Hobbies nachgehen.

Während die Wiederherstellung des Gewichts schnell erreicht werden kann, dauert es unter Umständen einige Zeit, bis sich Ihr Kind wie oben beschrieben vollständig erholt hat. Alle Jugendlichen unterscheiden sich in ihrem Genesungsfortschritt und vieles hängt von ihren Persönlichkeitsmerkmalen, der Krankheitsdauer und bereits bestehenden psychischen Problemen ab. Bei einigen Jugendlichen kann die Erholung von durch die Magersucht bestimmten Gedanken 12 bis 18 Monate dauern. Denken Sie daran, dass Magersucht ein Trauma für das Gehirn ist, daher benötigt das Gehirn Zeit, um zu heilen. Wenn Ihr Kind einen komplizierten und schweren Beinbruch erleiden würde, würden Sie erwarten, dass es lange dauert, bis Ihr Kind wieder im Wettkampf läuft – die Erholung des Gehirns dauert aufgrund seiner Komplexität wahrscheinlich länger.

Ihr Behandlungsteam

Um die Gesundheit Ihres Kindes wiederherzustellen, benötigen Sie ein Team erfahrener Fachkräfte, die Sie bei dieser Aufgabe unterstützen. Das Behandlungsteam besteht aus den Eltern, dem FBT-Therapeuten, dem Kinderarzt und dem Psychiater.

ROLLE DER ELTERN

Der Begriff „Eltern" wird verwendet; er bezieht sich jedoch auf jede Person, die für die Betreuung des Kindes verantwortlich ist.

Eltern sind die *wichtigsten* Teammitglieder. Sie sind für die Genesung ihres Kindes verantwortlich und wissen normalerweise, was ihr Kind braucht, da sie viele Jahre lang ein gesundes Kind großgezogen haben. Leider hat die Anorexie sie von ihrem normalen Erziehungsweg abgebracht. Eltern sind diejenigen, die viele Stunden mit ihrem Kind verbringen, um Unterstützung, Verständnis, Ermutigung, Liebe und vor allem Nahrung zu bieten. Die meisten Eltern sagen nach Abschluss der Behandlung, dass diese Behandlung (FBT) das Schwierigste ist, was sie jemals in ihrem Leben vollbracht haben.

Die Aufgabe wird einfacher, wenn Eltern ruhig, konsequent, geduldig, verfügbar und kreativ sein können – auch angesichts eines undankbaren magersüchtigen Jugendlichen, der die Hilfe der Eltern nicht möchte und der sich nicht von der Magersucht erholen will, weil er seinen dünnen Körper liebt und sich darin wohl fühlt.

Eltern sind die Experten für ihr Kind

ROLLE DES FBT-THERAPEUTEN

Die Rolle eines Therapeuten besteht darin, die Eltern bei der Durchführung der FBT zu unterstützen und anzuleiten. Ihr Therapeut hat das Fachwissen über Essstörungen und FBT, führt die Behandlung aber nicht durch. Die Eltern sind die einzigen, die die Behandlung durchführen können.

Ihr Therapeut wird Sie in Bezug auf die vielen Schwierigkeiten, mit denen Sie als Eltern konfrontiert sind, beraten, wenn Sie Ihrem Kind Nahrung zuführen und viele seiner von der Magersucht verursachten Verhaltensweisen behandeln.

Die Rolle des Therapeuten besteht auch darin, Aufklärung über die Krankheit des Kindes zu bieten sowie Unterstützung, Ermutigung und den Glauben zu wecken, dass das Kind sich erholen wird, da viele Eltern zu Beginn der Behandlung das Gefühl haben, dass die bevorstehende Aufgabe unüberwindbar ist. Sich überfordert zu fühlen, ist eine häufige Erfahrung für Eltern. Mit der Unterstützung ihres Therapeuten überwinden Eltern jedoch normalerweise das Gefühl der Hoffnungslosigkeit und werden in ihrer Elternrolle bestärkt.

Ihr Therapeut wird Ihnen vertrauen, dass Sie die Aufgaben meistern können. Ebenso müssen Eltern Vertrauen in ihren Therapeuten haben. Die Eltern müssen auch fest davon überzeugt sein, dass die Behandlung funktionieren wird. Ohne dieses gegenseitige Vertrauen und diesen Glauben ist es schwierig, Erfolg zu haben. Eltern werden ermutigt, jeden Aspekt der Behandlung in Frage zu stellen, den sie nicht verstehen.

Der Therapeut ist der Experte für FBT

DIE ROLLE DES KINDERARZTES

Die Rolle des Kinderarztes besteht darin, den gesundheitlichen Zustand Ihres Kindes zu überwachen. Da die Magersucht eine psychische Erkrankung mit medizinischen Komplikationen ist, die zu langfristigen körperlichen Schäden bis hin zum Tod führen kann, ist eine regelmäßige medizinische Überwachung notwendig – insbesondere in den frühen Stadien der Behandlung, wenn der Jugendliche eine erhebliche Menge an Gewicht verloren hat. Der Kinderarzt ist ausschließlich für medizinische Fragen zuständig. Er ist auch für die körperliche Entwicklung Ihres Kindes verantwortlich und führt nach Bedarf Blutuntersuchungen, Knochendichtetests oder andere Tests durch, um sicherzustellen, dass die Entwicklung Ihres Kindes auf Kurs bleibt.

Der Kinderarzt ist der Experte für medizinische
Stabilität und medizinische Belange

DIE ROLLE DES PSYCHIATERS

Während der frühen Phase der aufbauenden Ernährung leiden viele Jugendliche unter der starken Belastung. Die meisten Eltern sind in der Lage, diese Notlage mit Unterstützung ihres Therapeuten zu bewältigen. Wenn die Not Ihres Kindes jedoch so überwältigend wird, dass es sich selbst schädigt oder Selbstmordgedanken hat, wird ein Psychiater hinzugezogen, um Ihr Kind zu untersuchen und bei Bedarf Medikamente zu verschreiben. Jede medikamentöse Option wird mit Ihnen besprochen und Sie treffen die endgültige Entscheidung, ob Sie Ihrem Kind Medikamente verabreichen möchten. Während viele Verhaltensweisen eines magersüchtigen Kindes für Eltern sehr beängstigend sein können, treten sie im Laufe dieser Krankheit häufig auf und lassen normalerweise mit der Wiederherstellung des Gewichts nach.

Der Psychiater ist der Experte für den psychischen Zustand Ihres Kindes

Denken Sie daran: Die Aufgabe kann nur dann erfolgreich abgeschlossen werden, wenn alle Beteiligten zusammenarbeiten!

Mein Kind aufbauend ernähren

Die aufbauende Ernährung eines magersüchtigen Kindes ist normalerweise die schwierigste Aufgabe für Eltern, die eine FBT durchführen.

Die Ernährung eines magersüchtigen Kindes ist keine normale Ernährung. Die meisten Eltern sind sehr kompetent darin, ihr gesundes Kind zu ernähren. Ein gesundes Kind hat normalerweise Appetit, isst gern und alle Gehirnareale, die Essen und Appetit steuern, arbeiten effizient. Ein magersüchtiges Kind hat jedoch keinen Appetit, hasst und hat Angst vor Nahrung, und mit einem ausgehungerten Gehirn sind alle „Nahrungswege" getrennt. Ein gesundes Kind benötigt ausreichend Nahrung für Wachstum, Stoffwechsel und Kalorienverbrauch. Im Gegensatz dazu benötigt ein magersüchtiges Kind mit ähnlichem Kalorienbedarf zusätzliche Kalorien für eine signifikante Gewichtszunahme.

Viele FBT-Therapeuten sagen den Eltern normalerweise, dass sie über das Fachwissen verfügen, um ihr Kind zu ernähren und aus früheren Erfahrungen mit der Ernährung eines gesunden Kindes schöpfen sollten. Während dies in der Regel der Fall ist, wirft die Ernährung eines kranken und untergewichtigen Kindes neue Schwierigkeiten für die Eltern auf. Wenn ihm vor der Erkrankung eine nahrhafte Mahlzeit angeboten wurde, wurde sie schnell und voller Freude verschlungen. Jetzt hat die Magersucht sie in eine unbekannte und beängstigende Situation katapultiert. Sie sind mit einer völligen Nahrungsverweigerung und dem damit einhergehenden Stress bezüglich der Mahlzeiten konfrontiert. Eltern müssen plötzlich Kalorien und / oder Mengen an Nahrung berechnen, die für die erforderliche Gewichtszunahme von 500 g bis 1 kg pro Woche benötigt werden. Viele sind überrascht über die enormen Mengen, die erforderlich sind, um diese Gewichtszunahme zu erreichen, und verbringen normalerweise viele Stunden damit, Mahlzeiten und Snacks zu planen. Infolgedessen verlieren viele Eltern ihr Selbstvertrauen und beginnen, an ihren eigenen Fähigkeiten zu zweifeln. Sie können von der Unterstützung bei der Bewältigung der Ernährungsbedürfnisse eines wachsenden Jugendlichen profitieren, von dem eine schnelle Gewichtswiederherstellung erwartet wird.

Das Wissen über die Auswirkungen von Unterernährung auf den jugendlichen Körper ist ihnen ebenfalls fremd, da sie zuvor Wachstum und Entwicklung ihrem natürlichen Verlauf überlassen hatten. Ihr FBT-Therapeut wird Sie dabei unterstützen, die Aufgabe schnell zu bewältigen, anstatt sich den Fallstricken von Versuch und Irrtum zu überlassen.

WAS MACHT ES MEINEM KIND SO SCHWER, ZU ESSEN?

Eltern haben Schwierigkeiten zu verstehen, warum die Nahrungsaufnahme für ihr Kind so schwierig ist. Essen ist schließlich ein natürlicher Instinkt und eine angenehme Erfahrung. Wenn Eltern ein gutes Verständnis dafür entwickeln, warum das Essen für ihr Kind so schwierig ist, können sie normalerweise viel ruhiger und mitfühlender reagieren. Sie werden weniger frustriert und geduldiger sein, und sie werden entschlossener, den Gesundheitszustand ihres Kindes so schnell wie möglich zu verbessern, um es aus der quälenden Situation zu befreien.

Ihr Kind erlebt die folgenden sechs Faktoren in jeder Minute eines jeden Tages, während es an Magersucht leidet. Sie beeinträchtigen die Nahrungsaufnahme und die Gewichtszunahme.

1. Ihr Kind hat Angst

Die häufigste zugrunde liegende Emotion der Magersucht ist Angst. Für einen Außenstehenden hat Ihr Kind eine irrationale Angst vor Essen und Trinken, aber im Grunde hat es eine irrationale Angst, fett zu werden. Ihr Kind hat Angst, dass jede Nahrungsaufnahme sofort große Mengen Fett in seinem Körper ablagert.

Ihr Kind hat auch Angst vor Kalorien; es hat Angst vor Waagen, vor dem Wiegen und der daraus resultierenden sichtbaren Gewichtszunahme. Es hat Angst davor, was seine Freunde von ihm halten, wenn es an Gewicht zunimmt;

es hat Angst, dass es nicht aufhören kann, wenn es anfängt, angstbesetzte Nahrungsmittel zu essen. Es hat Angst, die Kontrolle zu verlieren, weil es durch die Magersucht das Gefühl hat, die Kontrolle zu haben. Es hat Angst, seine Identität zu verlieren, weil Magersucht ihm eine Identität gegeben hat. Die Liste der Ängste ist fast endlos.

Die Angst ist so groß, dass sie das Denken Ihres Kindes während des größten Teils des Tages aufzehrt. Ihr Kind zählt ständig Kalorien und denkt an den Schrecken der nächsten Mahlzeit, wie es sie vermeiden kann, und wie es die Kalorien verbrauchen kann, die Sie ihm zuführen. Stellen Sie sich vor, wie schwer es für Ihr Kind sein muss, mit all dieser Angst zu essen!

2. Ihr Kind ist angespannt und nervös

Essen und der Gedanke an eine Gewichtszunahme machen Ihrem Kind Angst. Aktuelle Forschungsergebnisse zeigen, dass viele Kinder mit Anorexie auch an einer komorbiden Stimmungsstörung (Depression) oder einer Angststörung (Zwangsstörung, Angststörung oder soziale Phobie) leiden. Loch (2015) stellte fest, dass 50 % der Jugendlichen mit Anorexie gleichzeitig eine Stimmungsstörung und 35 % eine Angststörung hatten.[4]

Viele Eltern berichten auch, dass ihr Kind vor der Magersucht ein ängstliches Kind war. Wenn Ihr Kind bereits Angstzustände oder Stimmungsstörungen hatte, verschlimmern sich die Symptome durch die Magersucht, insbesondere wenn es mit Nahrungsmitteln konfrontiert wird.

Die Angst ihres Kindes kann so irrational und extrem werden, dass es beim Anblick eines normalen Tellers mit Essen einen Berg von Kalorien sieht, der sofort auf einem Teil seines Körpers, den es hasst, sichtbar wird. Mit zunehmender Angst nehmen auch die Starrheit und die verzweifelten Versuche zu, die Umgebung und die Nahrungsaufnahme zu kontrollieren, um die Angst zu verringern. Ihr Kind wird unbewusst denken: „Wenn ich das Essen kontrollieren kann, kann ich meine Angst kontrollieren." Bei einigen Kindern kann die extreme Angst zu einer Panikattacke führen.

3. Ihr Kind steht im ständigen inneren Dialog mit der Anorexie

Ihr Kind wird von einer Flut interner Dialoge mit der Magersucht gequält. Es ist eine beständige Stimme / Gedanken in seinem Kopf, die ihm sagt, dass es nicht essen soll, und wenn es isst, wird es fett; es wird hässlich sein; niemand wird es mögen, wenn es fett ist. Die Magersucht sagt ihm auch, dass es Ihnen nicht vertrauen soll und dass Sie gegen es sind und es nur fett machen wollen. Die Magersucht sagt ihm, dass sie ihr Freund und der einzige Freund ist, dem man vertrauen kann, der einzige Freund, der ihm treu ist und seine Interessen im Sinn hat. Die Magersucht überzeugt es davon, dass sie ihm so treu ist, dass *sie es ist und zu seiner* Identität wird. Sie sagt dem Kind auch, dass das Leben ohne die Kontrolle und Sicherheit, die es ihm verleiht, nicht weitergehen kann und dass es durch das Essen die Kontrolle verliert. Magersucht lässt das Kind glauben, dass es nur dann etwas Besonderes ist, wenn es dünn bleibt.

Einige Jugendliche hören eine weitere leise Stimme, die ihnen sagt, dass sie Sie verletzen und verärgern und dass Sie sie wirklich lieben und wollen, dass es ihnen besser geht. Aber diese Stimme ist so leise, dass sie im Hintergrundrauschen der Magersucht untergeht. Einige Jugendliche sagen, dass sie in einem ausweglosen Dilemma gefangen sind: Wenn sie essen, um Sie glücklich zu machen, wird die Magersucht sie züchtigen / bestrafen, und wenn sie die Magersucht glücklich machen, indem sie nicht essen, werden Sie sie züchtigen und wütend auf sie werden.

4. Ihr Kind wird durch unzählige, selbstauferlegte Regeln kontrolliert

Um sich sicher und unter Kontrolle zu fühlen, hat Ihr Kind unzählige Regeln entwickelt, die sicherstellen sollen, dass es nicht von seinem Ziel abweicht, dünn zu bleiben und / oder Gewicht zu verlieren. Diese Regeln machen für Eltern wenig Sinn, aber für Ihr Kind sind sie beruhigend, denn wenn es Regeln gibt, gibt es Grenzen, innerhalb derer sie bleiben müssen. Regeln bieten ein Gefühl von Sicherheit und Kontrolle, ebenso wie die Regeln in der Gesellschaft. Je mehr Gewicht das Kind verliert, desto kränker wird es und desto strenger werden die Regeln.

Die Regeln sind den Gedanken sehr ähnlich, aber im Gegensatz zu den Stimmen und Gedanken, die kommen und gehen, sind die Regeln festgelegt und müssen um jeden Preis eingehalten werden.

- Ich muss die Kalorien bei allem, was ich esse, überprüfen, um nicht an Gewicht zuzunehmen

- Ich darf nur ... Kalorien an einem Tag essen

- Ich darf keine Fette oder Kohlenhydrate essen

- Ich muss trainieren / den Körper entschlacken, damit ich mein Gewicht halte oder zusätzliche Kalorien verliere, die ich gegessen habe

- Ein geringes Gewicht ist wichtiger als alles andere in meinem Leben

- Ich darf nach 19.00 Uhr nichts mehr essen

- Nur wenn ich dünn bin, werde ich für andere attraktiv sein

- Nur wenn ich dünn bin, werde ich perfekt sein

- Nur dünne Menschen haben Kontrolle, dicke Menschen haben keine Kontrolle

5. Ihr Kind hat ein ausgehungertes Gehirn

Das Gehirn ist das wichtigste Organ im Körper und daher unternimmt der Körper alle Anstrengungen, um seine Funktionsweise zu erhalten. Während des Hungerns hat das Gehirn Vorrang und erhält auf Kosten anderer Organe und Körperfunktionen Zugang zu Nährstoffen. Die einzige Brennstoffquelle des Gehirns ist Glukose. Wenn der Glukosespiegel niedrig ist, metabolisiert der Körper zunächst Fett, gefolgt von Muskelgewebe (Proteinen), um Zugang zu Glukose zu erhalten. Während extremer und länger andauernder Hungerphasen baut der Körper Neuronen ab, um Zugang zu Glukose für das Gehirn zu erhalten, was zum Verlust von Neuronen und zur Schrumpfung des Gehirns führt.

Bildgebende Untersuchungen des Gehirns von magersüchtigen Patienten haben anatomische Merkmale der Schrumpfung des Gehirns, des Verlusts neuronaler Zellkörper und einer Verringerung der Dichte der synaptischen

Verbindungen gezeigt. Der Verlust von Hirnsubstanz scheint in den meisten, aber nicht in allen Fällen, mit erneuter Gewichtszunahme reversibel zu sein.[6] Langfristige Auswirkungen auf Lernen, Verhalten und Stimmung wurden noch nicht ausreichend geklärt und erfordern weitere Forschung.

Ein hungerndes Gehirn funktioniert ganz anders als ein gut ernährtes Gehirn, und viele der bei Anorexie beobachten klinischen Symptome werden durch Veränderungen der Gehirnstruktur infolge von Hunger verursacht.[5] Hunger führt zu einer Beeinträchtigung der Frontallappen, die für exekutive Funktionen verantwortlich sind – Urteilsvermögen, Einsicht, Konzentration und Entscheidungsfindung[6], weshalb Ihr Kind für Sie so unvernünftig und irrational erscheint.

Die Insula ist ein Bereich des Gehirns, der durch Hunger stark gestört zu werden scheint. Die vorherrschende Rolle der Insula besteht darin, die Teile des Gehirns auszugleichen, die sich mit der Anpassung an die äußere Umgebung befassen, und diejenigen, die für die innere Homöostase / Stabilität verantwortlich sind. Die Insula reguliert auch den Appetit und die Nahrungsaufnahme. Bei Anorexie führt eine Beeinträchtigung der Insula zu Anomalien bei der Regulierung von Appetit und Essen, einem übertriebenen Völlegefühl, einer Verzerrung des Körperbildes, Schwierigkeiten bei der Integration von Gedanken und Gefühlen, Anosognosie (Unwissenheit über Krankheit) und einem erhöhten Gefühl des Ekels.[6, 7]

6. Ihr Kind hat möglicherweise bestimmte Persönlichkeitsmerkmale, die zur Krankheit beitragen und diese aufrechterhalten

Die aktuelle Literatur zeigt auf, dass eine große Zahl der Jugendlichen, die an Magersucht leiden, ähnliche Persönlichkeitsmerkmale zu teilen scheinen, die Symptome der Magersucht wie Rigidität und Kontrollbedürfnis entweder verschlimmern oder aufrechterhalten.

Die Hauptmerkmale scheinen zu sein:

Perfektionismus – Viele Jugendliche stellen sehr hohe Anforderungen an sich. Was immer sie tun, es ist niemals gut genug - es muss perfekt, ja sogar makellos sein. Makellosigkeit ist nicht erreichbar, jedoch werden viele Jugendliche qualvolle Stunden damit verbringen, das Unmögliche zu erreichen. Daher kommt ihr Wunsch, das unmögliche Gewichtsziel / Körperbild zu erreichen, das für sie niemals perfekt genug sein wird. Perfektionistische Tendenzen verstärken die Belastung und tragen zur Aufrechterhaltung der Krankheit bei.[5]

Kognitive Inflexibilität – Kognitive Flexibilität ist die Fähigkeit, entweder kognitiv oder mit dem Verhalten zwischen mentalen Einheiten zu wechseln, was auch als „Set-Shifting" bezeichnet wird. „Set-Shifting" ist die Fähigkeit, sich flexibel zwischen verschiedenen Aufgaben hin und her zu bewegen. Schwierigkeiten beim Set-Shifting sind gleichbedeutend mit kognitiver Inflexibilität und manifestieren sich in konkreten und starren Reaktionen, die mit Eigenschaften wie zwanghaftem Verhalten, Starrheit und Perfektionismus verbunden sein können. Viele Patienten mit Anorexie scheinen schlechte Fähigkeiten zum Set-Shifting zu haben und können fehlangepasste Verhaltensweisen auch angesichts von vorhandenem externen Druck nicht ändern.[5]

Mangelnde zentrale Kohärenz – Zentrale Kohärenz ist die Fähigkeit, das „große Ganze" zu sehen. Untersuchungen zum neuropsychologischen Profil von Patienten mit Anorexie haben ergeben, dass sie tendenziell einen detaillierten, fokussierten Verarbeitungsstil haben, der oft als schwache zentrale Kohärenz bezeichnet wird. Dies bedeutet, dass sie sich eher auf Details als auf das Gesamtbild konzentrieren (detailbezogene im Vergleich zu globalen Denkstilen). Lask schlägt vor, dass dieser Verarbeitungsstil uns helfen könnte, die Störung des Körperbildes bei Magersüchtigen zu verstehen. Er stellt die Hypothese auf, dass Menschen, die sich im Allgemeinen schnell in Details verfangen, diesen Verarbeitungsstil auch bei der Bewertung des eigenen Körpers anwenden würden. Wenn eine Person mit Magersucht sich selbst im Spiegel betrachtet, neigt sie dazu, bestimmte Körperteile zu sehen, mit denen sie unzufrieden ist, und diese negativ zu bewerten, anstatt ihren Körper als Ganzes zu betrachten und zu bewerten.[5]

DAS MAGERSÜCHTIGE GEHIRN

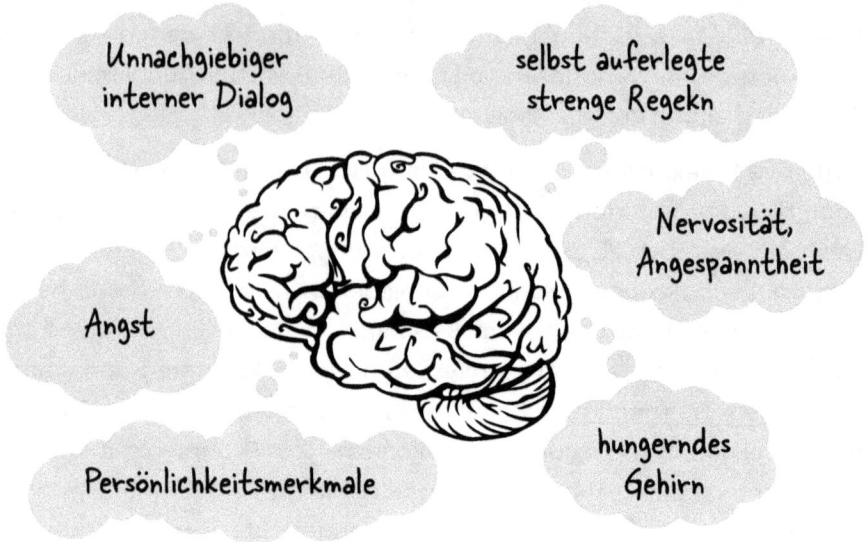

Unnachgiebiger interner Dialog

selbst auferlegte strenge Regekn

Nervosität, Angespanntheit

Angst

Persönlichkeitsmerkmale

hungerndes Gehirn

Die oben genannten Faktoren beschreiben die Herausforderungen bei der Ernährung Ihres Kindes. Es ist kein Kampf mit Ihrem Kind, sondern ein Kampf gegen Angst, Unruhe und die Ineffizienz eines ausgehungerten Gehirns, gegen einen unerbittlichen internen Dialog und zahlreiche selbst auferlegte Regeln, von denen Ihr Kind besessen ist. Ihr Kind verfügt **nicht** über die Mittel, um diesen Kampf allein zu führen. Es ist machtlos gegen solch starke Kräfte. Es braucht **Sie**, um für es zu kämpfen und seine Gesundheit wiederherzustellen, denn ohne Sie wird es mit Sicherheit entweder sterben oder es wird ein lebenslanger Diener von Anorexia Nervosa. Je länger die Krankheit anhält, desto stärker wird seine Identität von der Magersucht beherrscht.

Essen ist Medizin

Essen ist das Einzige, was die Genesung Ihres Kindes bewirken kann. Derzeit gibt es keine Medikamente, die Ihrem Kind helfen, gesund zu werden.

Die Körperzusammensetzung Ihres Kindes besteht aus magerer Körpermasse und Körperfett. Magere Körpermasse bezieht sich auf das Gewicht der Knochen, inneren Organe, Muskeln und des Bindegewebes. Körperfett bezieht sich auf essenzielle und adipöse Fette.

Der Körper Ihres Kindes benötigt ein Gleichgewicht verschiedener Nährstoffe, um seine Gesundheit wiederherzustellen. Kohlenhydrate, Proteine, Fett, Vitamine und Mineralien sind wichtige Nährstoffe für den Körper Ihres Kindes.

Kohlenhydrate sind unverzichtbar, um Glukose für die Energieversorgung bereitzustellen. Glukose ist die bevorzugte Kraftstoffquelle des Körpers. Ohne eine gute Glukoseversorgung funktioniert der Körper nicht effektiv. Das Gehirn verwendet NUR Glukose und verbraucht ungefähr 30 % der für die Funktion des Körpers erforderlichen Glukose. Zu den kohlenhydratreichen Lebensmitteln gehören Brot, Müsli, Reis, Kartoffeln, Nudeln, Milch, Joghurt und Obst. Süßigkeiten und zuckerhaltige Getränke sind auch reich an Kohlenhydraten.

Protein ist das Baumaterial des Körpers. Protein wird normalerweise nicht zur Energiegewinnung verwendet und nur dann umgewandelt, wenn der Körper nicht genügend Kohlenhydrate aufnimmt. Dies ist ein ineffizienter Weg, um Glukose zu erhalten, da der Körper Protein abbauen muss, um eine kleine Menge Glukose zu erhalten, die im Protein enthalten ist. Bei Magersucht wird dies als Selbst-Kannibalisierung bezeichnet – der Körper verzehrt sich selbst, um das Gehirn mit Glukose zu versorgen, was zu einem signifikanten Gewichtsverlust und Muskelschwund führt. Zu den proteinreichen Lebensmitteln gehören Fleisch, Fisch, Huhn, Milch, Joghurt, Käse, Bohnen, Nüsse und Samen.

Fett – In den Medien wird oft behauptet, dass „Fette schlecht sind", der Körper jedoch benötigt Fett, um effektiv zu funktionieren. Fett sollte 20-30 % der gesamten Kalorien ausmachen. Fett ist wichtig für die normale Körperfunktion und hilft bei der Aufnahme von essenziellen Vitaminen wie Vitamin A, D, E und K. Zu den fettreichen Lebensmitteln gehören Butter und Margarine, Öle, Nüsse und Samen, Avocado sowie verarbeitete Lebensmittel wie Essen zum Mitnehmen, Kekse und Kuchen.

Fett im Knochenmark, im zentralen Nervensystem, im Gehirn, in den Hauptorganen, im Darm und in den Muskeln wird als essenzielles Fett bezeichnet, da es für die normale Körperfunktion wichtig ist, im Gegensatz zu Fett, das sich ansammelt, wenn zu viel Fett konsumiert wird. Der Tod durch Hunger ist auf eine vollständige Erschöpfung des Körperfetts zurückzuführen, das als Reserve für die Herstellung von Glukose verwendet wird.

Fett ist eine wesentliche Voraussetzung für einen gesunden Körper und der Anteil an Körperfett bei Jugendlichen sollte je nach Alter und Entwicklungsstadium zwischen 15 und 20 % liegen. Sehr wenig Körperfett kann zu schweren medizinischen Komplikationen führen, die nahezu jede Körperfunktion betreffen und das Herz-Kreislauf-, endokrine, reproduktive, Skelett-, Immun-, Magen-Darm-, Nieren- und Zentralnervensystem umfassen.

Fett wird benötigt:

· Als Isolator zur Erhaltung der Körperwärme. Ein niedriger Körperfettanteil führt zu Kälteintoleranz und niedriger Körpertemperatur, weshalb Jugendlichen mit Anorexie ständig kalt ist.

· Das Gehirn und das Zentralnervensystem haben einen hohen Fettanteil. Fett wird als wesentlicher Bestandteil der Myelinscheide im Nervensystem benötigt. Zu wenig Körperfett verbraucht und zerstört die Myelinscheide, was zu einer langsamen Weiterleitung der vom Gehirn verwendeten elektrischen Impulse führt. Dies hat eine schlechte Gehirnfunktion, niedrige Konzentration, Verwirrung und irrationales Denken zur Folge.

· Sehr geringe Körperfettwerte können zu einem Verlust der Knochendichte führen, was das Risiko von Stressfrakturen erhöht.

Erforderliche Lebensmittelmenge

Der Jugendliche muss drei Mahlzeiten und drei Snacks pro Tag mit insgesamt mehr als 3000 Kalorien zu sich nehmen, um schnell an Gewicht zuzunehmen. Einige Jugendliche müssen möglicherweise in den frühen Stadien der aufbauenden Ernährung mehr essen, da ihre Grundumsatzrate normalerweise zunimmt. Die Grundumsatzrate gibt an, wieviel Energie der Körper in Ruhe verbraucht, um lebenswichtige Körperfunktionen aufrechtzuerhalten. Wenn Menschen für einige Zeit nicht genügend Kalorien zu sich nehmen, verringert sich ihre Grundumsatzrate. Während der aufbauenden Ernährung kann sie auf 120 % steigen.

Kohlenhydrate und Fette sind normalerweise die „Angst"-Nahrungsmittel Ihres Kindes, da es fälschlicherweise glaubt, dass es fett wird, wenn es diese Lebensmittel isst. Die meisten Jugendlichen haben so genannte „sichere" Lebensmittel, jedoch sind sichere Lebensmittel normalerweise sehr kalorienarm. Der Jugendliche wird nicht vollständig genesen, bis er in der Lage ist, alle Lebensmittelgruppen ohne Angst zu essen. Folglich müssen Sie sicherstellen, dass dem Jugendlichen sowohl sichere als auch angstbehaftete Lebensmittel angeboten werden und er eine ausgewogene Mahlzeit zu sich nimmt, die Kohlenhydrate, Proteine und Fette enthält.

Viele Eltern geraten in die Falle, Gourmetgerichte und teure Lebensmittel anzubieten, in der Überzeugung, dass eine interessantere Ernährung ihr Kind zum Essen verleiten wird. Ein Kind, das an Magersucht leidet, wird die meisten Lebensmittel hassen, so dass Ihre gut gemeinten Bemühungen möglicherweise nicht gewürdigt werden. Denken Sie daran, dass Sie kein Restaurant betreiben, sondern die Gesundheit Ihres Kindes wiederherstellen. Das einzig Wichtige ist, Ihrem Kind die richtige Menge an Nahrung zuzuführen, um an Gewicht zuzunehmen. Daher sollten gute, gesunde und nahrhafte Lebensmittel Ihr Hauptziel sein. Viele Eltern finden, dass es einfacher ist, die Kaloriendichte der Nahrung (d. h. mehr Kalorien) statt der Menge zu erhöhen. Sie müssen einen Weg finden, um zu gewährleisten, dass Ihr Kind **mit jeder Mahlzeit und jeden Tag** die erforderlichen Kalorien zu sich nimmt, bis seine körperliche Gesundheit wiederhergestellt ist.

Nach den Mahlzeiten wird der Jugendliche darüber klagen, dass er sich voll, krank, aufgebläht und wund im Bauch fühlt. Das ist ganz normal. Während des Hungerns schrumpft der Magen ein wenig, und jetzt, mit der erhöhten Aufnahme, muss sich der Magen dehnen und zu seiner normalen Größe zurückkehren. Dieses Unbehagen hält nicht lange an und ein Wärmekissen auf dem Bauch kann nach den Mahlzeiten helfen.

Viele Jugendliche klagen über Verstopfung. Dies kommt ebenfalls recht häufig vor und verschwindet bei normaler Nahrungsaufnahme, wenn das Verdauungssystem wieder normal funktioniert. Während Wasser und Saft zur Regelmäßigkeit der Verdauung beitragen können, ist es wichtig zu bedenken, dass die Zufuhr von zu viel Wasser Ihr Kind auffüllt und es schwieriger macht, die Mahlzeiten zu sich zu nehmen.

Die jugendlichen Jahre sind die zweitintensivste Phase des Wachstums jenseits des 1. Lebensjahres. Alle Jugendlichen benötigen ausreichend Kalzium, da die Adoleszenz der Zeitpunkt ist, an dem sie ihre maximale Knochendichte erreichen. Osteoporose ist ein bedeutender Risikofaktor für Jugendliche mit einer anhaltenden Essstörung. Während des Hungerns kann Ihr Kind an Knochendichte verlieren oder keine Knochenmasse ansammeln. Daher ist es wichtig, genügend Kalzium in die Nahrung aufzunehmen, um es wieder aufzufüllen. Jugendliche benötigen täglich 3-4 Portionen Milchprodukte. Eine Portion Milchprodukte sind zum Beispiel 250 ml Milch, 200 g Joghurt, 50 g Hartkäse wie Cheddar oder 120 g Ricotta. Es gibt viele andere Faktoren, die zu einer starken Knochengesundheit beitragen, wie z. B. ausreichend Vitamin D und die Rückkehr der Menstruation (Östrogen) bei weiblichen Jugendlichen und ausreichend Testosteron bei männlichen. Dies sollte mit Ihrem Kinderarzt besprochen werden, der normalerweise einen Knochendichtetest für Ihr Kind anordnet.

Eine vielfältige Population von Darmbakterien ist wichtig für die Gesundheit, und die neuesten Forschungsergebnisse legen nahe, dass die Vielfalt der Darmmikrobiota bei Personen mit Anorexie aufgrund des Hungerns verringert sein kann.[8] Obwohl nicht getestet, kann ein Probiotikum und / oder Joghurt nützlich sein, um gesunde Darmmikroben wiederherzustellen.

Die Magersucht Ihres Kindes führt auch zu vielen ablenkenden Verhaltensweisen beim Essen, die Eltern nur schwer verstehen können. Viele der Verhaltensweisen haben den Zweck, die für Ihr Kind schwierige Nahrungsaufnahme zu vermeiden. Sie sind auch ein Versuch, Sie von Ihrer Aufgabe der aufbauenden Ernährungs abzulenken. Es ist am besten, diese Verhaltensweisen so schnell wie möglich zu stoppen.

Beispiele für ablenkende Verhaltensweisen sind:

· Lebensmittel in kleine Stücke schneiden

· Essen auf Teller schmieren

· Essen mit einem Teelöffel

· Essen im Mund behalten und nicht schlucken

· Essen werfen / Essen verstecken

· Vom Tisch weglaufen

· Extreme Sprache

· Schreien oder weinen

· Geschirr/Möbel zerschlagen

· Versuchen, sich mit Gabel, Messer usw. zu verletzen

In Sitzung zwei der FBT wurden Familienessen auf Video aufgezeichnet. Die Forscher untersuchten die Strategien, die von Eltern während der aufbauenden Ernährung anwandt wurden. Die Videos wurden analysiert und die Interaktionen in die folgenden Kategorien eingeteilt:

· Direkte, die darauf abzielen, den Jugendlichen direkt zum Essen zu zwingen: „Iss dein ganzes Mittagessen" oder „Nimm den Toast und iss ihn"

· Indirekte und ermutigende Essanweisungen: „Mach weiter", „Warum isst du nicht noch etwas?"

· Körperliche Aufforderungen: den Teller in Richtung des Jugendlichen schieben.

- Restriktive Reaktionen, die die weitere Aufnahme einschränken: „Das reicht fürs Erste.", „Jetzt kein Toast mehr."

- Positive Anreize: „Wenn du mit dem Essen fertig bist, kannst du heute Abend ins Kino gehen."

- Negative Anreize, die eine negative Konsequenz umfassen: „Wenn du dein Sandwich auf den Boden wirfst, musst du zwei essen."

- Autonome Kommentare: „Möchtest du noch einen?" oder „Welches möchtest du?"

- Bereitstellung von Informationen: „Dadurch werden deine Knochen stark."

Interessanterweise zeigte die Studie, dass Eltern, die direkte Essanweisungen verwendeten, den größten Erfolg hatten, ihr Kind zum Essen zu bringen.[9]

VORBILD SEIN

Die Orientierung an Vorbildern ist ein Lernprozess, bei dem Kinder das Verhalten ihrer Eltern ohne ausdrückliche Anweisung nachahmen, daher der Begriff Vorbild.

Es wird für Ihr Kind schwierig sein, drei Mahlzeiten und drei Snacks zu essen, wenn die Familie kein angemessenes und normales Essverhalten vorlebt, wie z. B. regelmäßige Mahlzeiten essen, keine Mahlzeiten auslassen, als Familie zusammen essen usw.

Viele Familien haben aufgrund ihrer Arbeit und ihres sportlichen Engagements Schwierigkeiten, die Zeit für gemeinsame Mahlzeiten mit der Familie zu finden, obwohl sie sich sehr darum bemühen. Für Ihr Kind es meist einfacher zu essen, wenn Sie in der Lage sind, möglichst regelmäßige Essenszeiten mit allen Familienmitgliedern einzuplanen, um Unterstützung zu leisten. Gemeinsame Mahlzeiten vermitteln auch die Botschaft, dass Essen und Essenszeiten wichtig sind und die eine Gelegenheit bieten, in der man sich austauschen und Familiengespräche führen kann.

Während der Mahlzeiten beschweren sich viele Jugendliche, dass sie mehr essen als ihre Geschwister und / oder ihre Eltern. Um es ihrem Kind leichter zu machen, erhöhen einige Eltern ihre eigene oder die Nahrungsaufnahme der Geschwister. Dies ist nicht ratsam und verstärkt nur den Wunsch der Magersucht nach Kontrolle. Sagen Sie Ihrem Kind auf sanfte Art, dass es krank ist und dass sich die Aufnahme nach der Genesung auf die Menge seiner gesunden Geschwister reduzieren wird.

Die meisten Jugendlichen sind sehr besorgt darüber, welche Nahrungsmittel Sie ihnen geben werden. Daher möchten sie beim Einkaufen, Planen und Kochen der Mahlzeiten beteiligt sein. Wenn Sie Ihr magersüchtiges Kind in diesen Zeiten bei sich haben, kommt es normalerweise zu Streitigkeiten. Ihr Kind möchte, dass Sie kalorienarme Lebensmittel oder Diätkost kaufen, und während der Zubereitung der Mahlzeiten wird es nervös und versucht, Sie davon zu überzeugen, keine kalorienreichen Zutaten wie Öl, Butter usw. hinzuzufügen. Daher ist es für Sie einfacher, allein einzukaufen. Kochen und planen Sie Mahlzeiten ohne Ihr Kind. Erklären Sie ihrem Kind ruhig, dass Sie wissen, was sein Körper braucht und was Sie tun müssen, damit es gesund wird, und dass es alle Entscheidungsbefugnisse zurückerhält, wenn es sich erholt hat.

Eltern, die selbst an einer Essstörung litten oder derzeit mit einer Essstörung zu kämpfen haben, können es äußerst schwierig finden, ihr Kind zu den Mahlzeiten zu betreuen und zu beaufsichtigen. Eltern haben berichtet, dass die Beobachtung, wie ihr Kind die benötigten Mengen isst, Erinnerungen an ihre eigene Essstörung auslöst. Sie berichten auch von Ekelgefühlen, wenn sie beobachten, wie ihr Kind die großen Mengen an Nahrung zu sich nimmt, die für die Genesung erforderlich sind, und gleichzeitig anerkennen, dass ihr Kind essen muss. Wenn Sie mit diesen Schwierigkeiten zu kämpfen haben, zögern Sie nicht und schämen Sie sich nicht, die Situation mit Ihrem FBT-Therapeuten zu besprechen. Er wird Ihnen dabei helfen, Wege zu finden, wie Sie mit der aufbauenden Ernährung umgehen können.

Angesichts der starken Betonung von Gesundheit, Wohlbefinden und Gewicht in den Medien sorgen sich viele Familien um ihr Gewicht und ihr Aussehen, und viele Familien beschäftigen sich mit Strategien zur Gewichtskontrolle, Diäten, zurückhaltendem Essen, gesunden Lebensmitteln und Bewegung usw. Es wird für Sie einfacher, damit umzugehen und die aufbauende Ernährung durchzuführen, wenn all diese Aktivitäten vorübergehend unterbrochen werden, bis sich Ihr Kind erholt hat. Konzentrieren Sie sich stattdessen auf ‚normalisiertes‘ Essen, bei dem Sie eine Vielzahl von Lebensmitteln ohne Angst zu sich nehmen und zum Vergnügen und mit Genuss essen.

Essen außerhalb der häuslichen Umgebung

ESSEN IN DER SCHULE

Die Rückkehr in die Schule und das Essen in der Schule vor Gleichaltrigen ist ein wichtiger Schritt für Ihr Kind. Seine Angst vor dem Essen und die damit verbundene Nervosität sind bereits groß. Daher verstärkt der Gedanke, vor anderen zu essen und sich Sorgen darüber zu machen, was andere über sie denken, seine Angst und macht sie unerträglich.

In Phase 1 der FBT wird empfohlen, dass die Mahlzeiten in der Schule von den Eltern überwacht werden. Dies soll sicherstellen, dass Ihr Kind alles zu sich nimmt, was Sie ihm geben, und es wird ihm wahrscheinlich das Essen erleichtern. Die meisten Eltern organisieren ihren Alltag so, dass sie während der Mittagspause mit ihrem Kind im Auto essen. Einige Eltern, die das Mittagessen in der Schule nicht beaufsichtigen können, organisieren entweder ein vertrauenswürdiges Familienmitglied oder einen Lehrer, um ihr Kind zu beaufsichtigen. Es ist nicht ratsam, dass Geschwister oder Gleichaltrige die Mahlzeiten in der Schule überwachen.

Wenn Sie einen Lehrer organisieren, der das Mittagessen überwacht, müssen Sie ihm per Foto oder E-Mail mitteilen, was Sie für das Mittagessen bereitgestellt haben. Eine bessere Idee ist, das Mittagessen Ihres Kindes direkt an den Lehrer zu übergeben. Die Lehrer wissen nicht, wie viel Ihr Kind essen muss. Wenn es ihnen nicht mitgeteilt wird, nehmen sie an, dass das, was Ihr Kind mitbringt, das ist, was Sie ihm mitgegeben haben. Bringen Sie Ihr Kind nicht in eine Situation, in der es versucht ist, Teile seiner Mahlzeit wegzuwerfen, da die Magersucht es dazu verleiten könnte. Denken Sie daran, dass Lehrer zwar ihr Bestes geben, um Ihnen zu helfen, aber nicht über Ihr

Wissen über Magersucht verfügen und nicht genauso viel Engagement für Ihr Kind aufbringen können. Daher können sie leicht von anderen Aktivitäten abgelenkt werden und Ihrem Kind versehentlich die Möglichkeit bieten, sein Essen zu verstecken oder wegzuwerfen.

Es wird berichtet, dass es für viele Jugendliche schwierig sei, mit Gleichaltrigen zu essen, da ihre Gleichaltrigen sehr wenig oder gar nicht essen. Leider ist dies sehr weit verbreitet, daher müssen Sie Ihrem Kind erklären, dass Sie nicht für diese Gleichaltrigen verantwortlich sind und dass Sie das Richtige für Ihr Kind tun müssen.

ESSEN GEHEN

Wie bereits erwähnt, haben viele Jugendliche Angst, auswärts und vor anderen zu essen. Ein Restaurantbesuch ist für Ihr Kind einschüchternd, weil es Angst vor dem Unbekannten hat – dem Inhalt der Speisekarte, Zutaten und Kalorien, die in der Nahrung enthalten sind und ähnlichem. Eine der besten Möglichkeiten, Angstzustände zu überwinden, besteht darin, sich der Situation / dem Objekt auszusetzen, die / das die Angst erzeugt. Wenn Ihr Kind allmählich an Gewicht zunimmt, müssen Sie Ihrem Kind helfen, diese Angst zu überwinden. Dies geschieht wahrscheinlich am besten durch geplante kleine Schritte. Entscheiden Sie vorher mit Ihrem Kind, wohin Sie gehen und was Sie bestellen werden. Ein kleiner erster Schritt ist wahrscheinlich ein Kaffee oder etwas Kleines und vorzugsweise etwas, das Ihr Kind leicht essen wird. Bauen Sie dies allmählich zu einer Mahlzeit und herausfordernden Lebensmitteln auf.

Denken Sie daran: Das Ziel ist es, zum normalisierten Essen zurückzukehren!

TIPPS, DIE VIELE ELTERN NÜTZLICH FINDEN, WENN SIE IHR KIND AUFBAUEND ERNHREN

- Es ist am besten, abwechslungsreiche und auch angstbesetzte Nahrungsmittel gleich zu Beginn der aufbauenden Ernährung einzubeziehen. Wenn Sie Angstnahrungsmittel erst später einführen, wird es so sein, als würden Sie von vorne beginnen.

- Tappen Sie nicht in die Falle, dass „gesundes Essen" Ihr Kind genesen lässt. Magersucht ist im Grunde die Angst vor Lebensmitteln, insbesondere vor hochkalorischen Lebensmitteln. Sie werden wissen, dass sich Ihr Kind erholt hat, wenn es alles ohne Angst essen kann. Ein gutes Zeichen der Genesung ist, wenn es alles essen kann, was es vor der Anorexie gegessen hat.

- Gewöhnen Sie sich zu den Mahlzeiten nicht an, zu verhandeln, zu überzeugen, Vorträge zu halten oder Logik zu verwenden. Es ist wahrscheinlich, dass es nicht funktioniert, und es ist eine der Taktiken der Magersucht, Zeit während der aufbauenden Ernährung zu verschwenden. Halten Sie sich stattdessen an die direkte Aufforderung (immer und immer wieder), das Essen zu sich zu nehmen, das Sie Ihrem Kind zu den Mahlzeiten geben, da dies die Magersucht zermürbt.

- Tappen Sie nicht in die Falle, Ihrem Kind etwas zu geben, von dem Sie denken, dass es dies isst. Dies kommt seiner Angst entgegen. Geben Sie ihm, was es braucht, um gesund zu werden.

- Beziehen Sie Ihr Kind nicht in die Zubereitung, Planung, Kalorienzählung, das Einkaufen oder Entscheidungen in Bezug auf Lebensmittel ein, da sein aktueller Fokus auf der Reduzierung von Kalorien und der Ausklammerung von angstbesetzten Nahrungsmitteln liegt. Stellen Sie das Essen einfach vor Ihr Kind und unterstützen Sie es.

- Stellen Sie sicher, dass Sie wissen, wie viel Ihr Kind essen muss, um an Gewicht zuzunehmen, und welche Lebensmittel eine gute Gewichtszunahme bewirken. Während Eltern normalerweise sehr gut wissen, was sie einem gesunden Kind geben sollen, müssen sie schnell lernen, wie viel sie einem hungernden Kind geben müssen.

- Erwarten Sie nicht, dass Ihr Kind Entscheidungen darüber treffen kann, was es essen soll. Sein Denken ist zu kompromittiert, um dies zu tun, und es wird sich schuldig fühlen, egal wie es sich entscheidet. Es befindet sich in einer Situation, in der es nur verlieren kann und es wird erleichtert sein, wenn jemand die Entscheidungen trifft.

- Versuchen Sie, nicht über eine gesunde Ernährung zu sprechen, sondern reden Sie über normalisiertes Essen. Normalisiertes Essen ist das, was durchschnittliche gesunde Jugendliche tun – vielfältig, regelmäßig, flexibel, mit Genuss und ohne Angst essen.

- Versuchen Sie, jegliches Magersuchtverhalten – z. B. Essen in kleine Stücke zerbrechen, mit einem Teelöffel essen usw. – zu den Mahlzeiten so schnell wie möglich zu stoppen, da diese Verhaltensweisen die Magersucht verstärken. Jedes Mal, wenn Sie Ihr Kind über seine Angstgrenze bringen, wird es für es leichter (wie bei einer Konfrontationstherapie).

- Seien Sie auf Widerstand und einen Kampf gegen die Magersucht vorbereitet. Es wird einen Kampf geben, bis Ihr Kind die Botschaft versteht und glaubt, dass Sie stärker sind als die Magersucht und dass Sie nicht nachgeben, weil Sie nicht zulassen, dass ihm etwas passiert. Die Stärke des Kampfes variiert in jeder Familie in Abhängigkeit von der Stärke der Magersucht, der Persönlichkeit und den Merkmalen Ihres Kindes, vorbestehenden psychischen Problemen wie Angstzuständen und Zwangsstörungen, sowie etwaigen Familiendynamiken. Die Stärke Ihrer Beharrlichkeit muss der Schwere der Krankheit entsprechen, und Ihr Kind wird Ihre Stärke als beruhigend empfinden. Lernen Sie, der Magersucht entschlossen entgegenzutreten.

- Lassen Sie Ihren Hund beim Essen nicht bei Ihrem Kind sitzen. Viele Haustiere haben die Mahlzeit erhalten, von der Sie dachten, Ihr Kind hätte sie gegessen.

- Stellen Sie sicher, dass Sie als Eltern eine Einheit bilden und beide auf derselben Seite sind – bezüglich dessen, was Ihr Kind essen muss, dass das Essen aufgegessen werden muss, dass Sie nicht mit der Magersucht verhandeln werden und dass Sie sich gegenseitig unterstützen. Wenn die Magersucht bei einem der Elternteile eine Schwäche feststellt, wird diese ausgenutzt.

· Seien Sie wachsam, indem Sie mit Ihrem Kind zusammensitzen und es beaufsichtigen, so dass es die gesamte von Ihnen bereitgestellte Mahlzeit zu sich nimmt. Ihr Kind kann Lebensmittel in Ärmeln, in Taschen, in Servietten und an vielen Orten verstecken, die Sie überraschen werden. Es wird alles tun, um das Essen zu vermeiden, wenn ihm die kleinste Chance gegeben wird.

· Trotz aller Schwierigkeiten: Versuchen Sie alle Mahlzeiten so natürlich wie möglich zu gestalten, indem Sie Familiengespräche führen und für Ablenkung sorgen.

MERKE

✔ Sei zuversichtlich

✔ Sei konsequent

✔ Zeige Mitgefühl

✔ Bleibe ruhig

✔ Sei kreativ

MAHLZEIT- UND SNACKPLAN-BEISPIELE

Die folgenden Pläne sind ein Beispiel für die Menge der Nahrung, die Ihr Kind zu den Hauptmahlzeiten braucht und die als hochkalorische Snacks dienen können. Der Speise- und Snackplan ist NUR ein Leitfaden, der Ihnen hilft, die Anforderungen an die Gewichtswiederherstellung zu verstehen. Fühlen Sie sich frei, Lebensmittel mit ähnlichem Kaloriengehalt auszutauschen. Ihr Kind kann es vorziehen, an einem festen Speiseplan festzuhalten. Jedoch ist es keine gute Idee, jeden Tag konsequent an dem gleichen Plan festzuhalten, da es nur die Steifigkeit verstärkt. Das Ziel Ihres Kindes ist die Rückkehr zu normalisiertem Essen, d. h. ohne Angst zu essen, was auch immer verfügbar ist und / oder von den Eltern serviert wird. Untersuchungen legen nahe, dass der Verzehr von abwechslungsreicher Nahrung mit verbesserten Ergebnissen bei Anorexia nervosa in Verbindung gebracht werden kann.[10]

Beispiele geeigneter Snacks für Ihr Kind (mit freundlicher Unterstützung von Manuela Scharkowski, Ernährungsberaterin)

	Vormittag	Nachmittag	Spätstück
Montag	2 Haferflockenkekse + Apfel 250 ml Vollmilch (oder Sojamilch)	200 g Vollmilchjoghurt, 1 Tasse Obst, ½ Tasse geröstetes Müsli (Granola)	350 ml Milch mit 2 EL löslichem Kakaopulver + Obst
Dienstag	Müsliriegel z.B. von „Nature Valley" 250 ml Vollmilch (oder Sojamilch)	Vollkorntoast mit 1 TL Butter und 1 Banane in Scheiben 1 Tasse Vollmilch	300 ml Milch mit 2 EL löslichem Kakaopulver +2 Haferflockenkekse
Mittwoch	Nuss-Frucht-Riegel + Stück Obst 250 ml Vollmilch (oder Sojamilch)	Fruchtsmoothie (1 Banane, 300 ml Vollmilch, 150 g Vollmilchjoghurt, 1 TL Honig, 2 gehäufte Esslöffel Haferflocken, 2 Datteln)	1 Glas Saft (100% Fruchtgehalt) mit Haferschmelzflocken + Obst

Donnerstag	Sesamriegel (40 g) + Stück Obst 250 ml Vollmilch (oder Sojamilch)	2 Scheiben Mehrkornbrot mit Weichkäse + Avocado	Joghurt-Lassi + Obst
Freitag	5 Käsegebäckstangen 250 ml Milch	1 Haferriegel mit Nuss + Stück Obst 250 ml Vollmilch	350ml Heiße Schokolade mit Keks
Samstag	1 (Schoko)Croissant 250 ml Vollmilch	2 Doppelkekse mit Kakaofüllung 1 Glas Saft (100% Fruchtgehalt)	Trinkjoghurt + Obst
Sonntag	Fruchtsmoothie (1 Banane, 300 ml Vollmilch, 150 g Joghurt Vollmilch, 1 TL Honig, 2 gehäufte Esslöffel Haferflocken, 2 Datteln)	1 x Muffin aus dunkler Schokolade und Beeren 250 ml Vollmilch	350 ml Milch mit 2 EL löslichem Kakaopulver + Obst

Hinweis: statt Vollmilch kann als Alternative auch z.B. Sojamilch angeboten werden

Beispiel für Mahlzeitenplan

	Frühstück	Mittagessen	Dessert	Abendessen
Tag Eins	1 Schüssel mit Haferflockensuppe/ Porridge (250ml Vollmilch) + 1 Banane + 100 g Vollmilchjoghurt + 1 TL Honig/Zucker + Walnüssen	Spinat-Ricotta-Cannelloni mit Parmesan + Ciabatta-Scheibe mit Butter + Salat + 1 Glas Orangensaft	2 Kugeln Eis	Pitabrot-Tasche + Huhn + Avocado + Käse Salat + Paprika + 1 Glas Saft
Tag Zwei	2 Scheiben Körnerbrot mit 2 TL Butter + 2 TL Marmelade/Honig + Obst + Joghurt	Asiatische Gemüsepanne mit Hühnchen und Cashewkernen + Sojasauce oder Teriyaki und Reis + 1 Glas Saft (100% Fruchtgehalt)	1 Tasse Sahnejoghurt + Obst	Rührei (Ei, Käse, Sahne) mit Vollkornbrot + Butter + Tomate + Gurke + 1 Glas Saft
Tag Drei	1 Schüssel Bircher Müsli (eingeweicht in 1 Glas Fruchtsaft + Joghurt) + 250 ml Vollmilch + Weintrauben oder Mango + 1 TL Honig + Mandeln	Hackfleisch + Gemüse + Käse Auflauf mit Kartoffelpüree (mit Vollmilch + Butter) + 1 Scheibe Vollkornbrötchen mit Butter + 1 Glas Saft (100% Fruchtgehalt)	1 Tasse Sahnequark mit Obst	Nudelsalat mit Hühnchenstreifen, Gemüse, Feta Pesto + 1 Glas Vollmilch + Obst
Tag Vier	2 Scheiben Vollkorntoast mit 2 TL Butter + 2 Eier + ½ Avocado + 1 Glas Vollmilch	Gebratener Lachs/ Fisch + Kartoffeln + Rahmgemüse + Salat mit Dressing + Scheibe Brot mit Butter + 1 Glas Saft (100% Fruchtgehalt)	1 Tasse Sahnepudding + Obst	Vollkornbrot mit Kräuter-/ Tomatenbutter, Käse, Schinken, Avocado, Tomate, Salatblatt + 1 Glas Saft

	Frühstück	Mittagessen	Dessert	Abendessen
Tag Fünf	1 Schüssel "Special K" (Vollkorn) + 1 Banane + 250 ml Vollmilch	Gemüsepfanne mit Feta + Kartoffelecken + Salat mit Dressing + 1 Scheibe Baguette mit Butter + 1 Glas Saft (100% Fruchtgehalt)	1 Tasse Créme Brulèe	Vollkornbrötchen mit geräuchertem Lachs, Avocado, Frischkäse und Salat + 1 Glas Saft
Tag Sechs	2 Scheiben Vollkornbrot mit 2 TL Butter + 1 x Nuss-Nougat-Aufstrich + 1 x Marmelade/Honig + Obst + Joghurt	Spaghetti Bolognese mit Parmesan + Salat + 1 Scheibe Knoblauchbrot + 1 Glas Saft (100% Fruchtgehalt)	2 Kugeln Eis	Körnerbrot mit geräuchertem Heilbutt/Makrele + gemischter Salat mit Dressing + 1 Glas Saft
Tag Sieben	1 Schüssel „Weetbix" (Vollkorn) + 1 Banane + 250 ml Vollmilch	Brathähnchen mit Soße + Bratkartoffeln, Gemüse (Kürbis, Erbsen) + 1 Glas Saft (100% Fruchtgehalt)	1 Tasse griechischer Joghurt mit Honig und ¼ Tasse Mandeln	Baguette mit Thunfisch-Ricotta-Frischkäse-Lauch-Aufstrich, Gemüse-salat mit Dressing und gerösteten Sonnenblumen-kernen + 1 Glas Saft
Tag Acht	2 Scheiben Vollkorntoast mit 2 TL Butter + 2 x Weichkäse + 1 Glas Orangensaft oder Obst	Schweinegeschnet-zeltes mit Sahne-soße + Kartoffeln + Rahmchampignons + 1 Glas Saft (100% Fruchtgehalt)	Mascapone-dessert mit Beerenmus	Reissalat mit Gemüse, Ei, Feta und Cashewkernen,

Hinweis: Mittagessen und Abendessen können auch getauscht werden.

Reflexionen eines Elternteils – Der Kummer während der aufbauenden Ernährung

Bevor wir unsere Tochter während der FBT aufbauend ernährten, wussten wir nicht, wie wir sie dazu bringen sollten, etwas außerhalb ihres strengen, selbst auferlegten Ernährungsregimes zu essen. Die Liste der „akzeptablen" Lebensmittel wurde immer kürzer und wir waren sehr besorgt und ziemlich verzweifelt.

Unser FBT-Therapeut gab uns die Werkzeuge an die Hand, um diese beängstigende Krankheit direkt anzugehen. Wir sind nach Hause gegangen und haben genau das getan!

Die Not unserer Tochter während der aufbauenden Ernährung war erheblich. Während es für uns herausfordernd, beängstigend und anstrengend war, war es für sie noch sehr viel schlimmer. Jedes Mal, wenn „inakzeptable" Nahrungsmittel aufgetischt wurden, schrien und tobten die „Gedanken" in ihrem Kopf so sehr, dass sie reagierte, als würden wir von ihr erwarten, dass sie von einer 50 Meter hohen Klippe springt. Wie würden Sie reagieren? Persönlich würde ich bis zum Tod kämpfen, um meine Eltern in ihrer „Naivität", mich zu meiner Zerstörung zu schicken, aufzuhalten.

Unsere schöne, fürsorgliche, kooperative, einfühlsame, gut erzogene, liebevolle Tochter wurde schnell zu einer anderen Person. Ihre Augen wurden glasig und sie würde ihr Essen heftig und wiederholt werfen, so weit sie konnte. Sie schrie, weinte, schubste und schlug uns, warf Essen nach uns, warf Haushaltsgegenstände und Möbel, beschimpfte uns, schlug und kratzte sich, rannte um das Haus herum und floh durch die Haustür entlang von Straßen und Gassen (wir und ihre Geschwister jagten hinterher!). Sie rollte sich oft zu einem engen Ball zusammen, damit sie nicht essen oder nicht mit uns interagieren musste. Sie behielt bis zu einer halben Stunde lang Essen im Mund und schluckte nicht. Sie bewahrte Essen zur späteren Entsorgung auf der Rückseite ihrer Zunge auf. Sie war geschickt darin, Essen vor unseren Augen zu verstecken, in ihren Ärmeln, Taschen, Socken,

Schuhen usw. Sie beobachtete, wie sich meine Augen für einen Moment bewegten und nutzte die Gelegenheit, um Essen zu verstecken. Ihre Not war so groß, dass sie Selbstmordgedanken bekam. Wir haben sie rund um die Uhr beobachtet, um sicherzustellen, dass sie sich nicht selbst verletzt.

Viele Wochen lang dauerten die Mahlzeiten von Anfang bis Ende zwischen 1 und 4 Stunden.

Bei jeder Mahlzeit saß ich neben meiner Tochter und ermutigte sie zum Essen. Ich bat sie, ihre Gabel aufzuheben und zu essen. Ich sagte ihr: „Ich weiß, dass du das kannst", „das ist, was du brauchst", „du bist in Sicherheit, ich bin hier, um dir zu helfen, durch diese Mahlzeit zu kommen", „Essen ist nicht verhandelbar, lass uns jetzt weitermachen" etc. Wir stellten sicher, dass sie die ganze Mahlzeit aß, egal wie lange dies dauerte. Die Mahlzeiten dauerten viele Stunden, aber wir haben jeden Bissen bis zum Ende beobachtet. Sie erkannte schließlich, dass wir NIEMALS unsere Erwartungen zurücknehmen würden und dass wir nicht zulassen würden, dass eine Mahlzeit nicht gegessen wird. Ja, wir waren erschöpft, aber unsere Entschlossenheit und Hartnäckigkeit zahlten sich aus und schließlich erkannte sie, dass das Essen für sie weniger anstrengend war als gegen uns zu kämpfen. Wir waren eine starke Kraft und wir waren entschlossen, „unsere Tochter zurückzubekommen" und ihr Leben zu retten.

Als Eltern war es entscheidend, während der aufbauenden Ernährung ruhig und „unter Kontrolle" zu bleiben (obwohl wir alles andere als das fühlten!). Unsere Tochter hatte solche Angst und unsere Antwort musste ruhig und beruhigend sein, egal wie schwierig das war. Sie brauchte unsere solide Beruhigung, um damit fertig zu werden.

Im Nachhinein würden wir den Nachfütterungsprozess als „den Teufel austreiben" beschreiben! Es war erschreckend, aber absolut notwendig, unsere Tochter auf den Weg zur Genesung von Anorexia Nervosa zu bringen.

Mutter eines Kindes mit Anorexie

Zusätzliche Verhaltenweisen, die die Gewichtszunahme verhindern

Entschlackungsverhalten

Entschlackungsverhalten kann sich als selbstinduziertes Erbrechen, Abführmittel- und / oder Diuretika-Missbrauch zeigen. In Anbetracht der Not und Schuldgefühle, die Ihr Kind nach den Mahlzeiten wahrscheinlich hat, kann es sich auf diese Verhaltensweisen einlassen. Dies ist sein Versuch, sich sowohl von den Kalorien, die es zu sich genommen hat, als auch von der Schuld zu befreien.

Entschlackungsverhalten hat schädliche langfristige gesundheitliche Folgen, daher ist es ratsam, diese Verhaltensweisen so schnell wie möglich zu beseitigen. Übermäßiges Erbrechen kann zu Schäden an der Speiseröhrenschleimhaut, Reflux, Erosion des Zahnschmelzes, Magen-Darm-Blutungen und Elektrolytstörungen führen. Abführmittelmissbrauch kann Elektrolytstörungen verursachen, zu einer Schwächung des Beckenbodens und Darmreizungen führen und die Nährstoffaufnahme beeinträchtigen. Wenn Ihr Kind diese Verhaltensweisen zeigt, müssen Sie dies genau überwachen, insbesondere nach den Mahlzeiten. Im Anschluss an die Mahlzeiten wird normalerweise eine Stunde Bettruhe empfohlen.

Körperliche Aktivität

Viele Jugendliche üben übermäßige körperliche Aktivitäten aus, um die zugeführten Kalorien zu verbrauchen. In der frühen Phase der aufbauenden Ernährung ist es ratsam, jegliches Training auszusetzen, um festzustellen, wie viel Nahrung Ihr Kind benötigt, um an Gewicht zuzunehmen. Vergessen Sie nicht, dass Ihr Kind zum Sport getrieben wird und kaum in der Lage ist, sich selbst zu stoppen.

Abgesehen von dem, was als sportliche Aktivität angesehen wird, gibt es viele Formen von Bewegung, die Ihr Kind durchführen wird. Möglicherweise wissen Sie überhaupt nicht, dass es sich um körperliche Aktivität handelt. Im Folgenden finden Sie Beispiele:

- Ihr Kind steht lieber als zu sitzen: Stehen verbraucht mehr Energie als Sitzen – *bringen Sie Ihr Kind zum Sitzen.*

- Unruhige Hyperaktivität: Wackeln, Umwege gehen, um Aufgaben zu erledigen, übermäßige Benutzung von Treppen, wiederholte unnötige Aufgaben – *stoppen Sie Ihr Kind, wenn es diese Verhaltensweisen zeigt.*

- Heimliches Training: Dies tritt auf, wenn Ihr Kind unbeaufsichtigt ist, z. B. Sit-ups in seinem Zimmer, Hampelmann / Kniebeugen in der Dusche – *sorgen Sie für zusätzliche Überwachung und Beaufsichtigung.*

Körpertemperatur

Das Aufwärmen oder Abkühlen des Körpers erfordert Energie. Magersüchtige frieren normalerweise aufgrund ihres erschöpften Energiezustands. Viele Jugendliche mit Anorexie werden versuchen Kalorien / Energie zu verbrauchen, indem sie sich absichtlich entweder herunterkühlen (sehr leichte Kleidung tragen, Fenster bei kaltem Wetter offen lassen usw.) oder sich übermäßig aufwärmen, um Schwitzen auszulösen (das Zimmer heizen und sich mit einer warmen Decke zudecken – Saunabedingungen). Wenn Sie eine dieser Verhaltensweisen vermuten, müssen Sie sicherstellen, dass Ihr Kind eine normale Körpertemperatur beibehält, um Energie zu sparen.

Denken Sie daran, dass Sie der Magersucht
einen Schritt voraus sein müssen!

Einheit der Eltern

Die Einheit der Eltern ist wahrscheinlich das wichtigste Element, um einen Jugendlichen mit Magersucht zu behandeln. Die beste Chance für den Sieg über die Krankheit besteht darin, eine einheitliche Front gegen die Magersucht zu bilden. Entscheidungen müssen gemeinsam getroffen werden und Sie müssen beide eine konsistente Botschaft in Bezug auf jeden Aspekt der aufbauenden Ernährung, Ihre Erwartungen an Ihr Kind und dessen Verhalten vermitteln. Andernfalls wird die Magersucht Sie beide gegeneinander ausspielen und letztendlich Ihre Bemühungen um die Genesung Ihres Kindes zunichtemachen.

Die Stärkung der elterlichen Autorität ist von entscheidender Bedeutung und einer der stärksten Prädiktoren für die Genesung. Das FBT-Handbuch betont, dass Eltern *„auf der gleichen Seite, in derselben Zeile und im selben Buchstaben sein müssen."* Eine Studie von Ellison (et al.) zeigte, dass eine größere Gewichtszunahme erreicht wurde, wenn die Eltern sich einig waren und die Kontrolle übernehmen konnten."[11]

Warum kämpfen Eltern damit, zusammenzuarbeiten?

Eltern nähern sich normalerweise der elterlichen Rolle mit sehr unterschiedlichen Ansichten. Dies ist auf die persönlichen Erfahrungen mit den eigenen Eltern zurückzuführen. Während wir in unseren Herkunftsfamilien aufwachsen, verinnerlichen wir ein Modell unserer eigenen Eltern. Dies wird als internes Arbeitsmodell der Elternschaft bezeichnet. Wie viele von uns haben gesagt: „Wenn ich ein Elternteil bin, werde ich das meinen Kindern niemals antun." Doch wenn wir selbst Eltern sind, stellen wir plötzlich fest, dass wir oft genau so wie unsere eigenen Eltern handeln.

Unterschiedliche Ansichten zur Elternschaft sind normalerweise kein großes Problem, wenn eine Familie reibungslos funktioniert. Die meisten Familien können den unterschiedlichen Werten und Erwartungen gerecht werden, die jedes Elternteil aus seiner Vergangenheit mitbringt. Manchmal übernimmt ein Elternteil die „weiche" Rolle und der andere den „härteren" Elternteil. Kinder passen sich schnell dem Stil und den Erwartungen jedes Elternteils an. Wenn Sie jedoch mit einem Jugendlichen mit Anorexie zu tun haben, wird jede elterliche Uneinigkeit zu einer Katastophe. Die Magersucht treibt schnell einen Keil zwischen die Eltern, indem sie den stärkeren Elternteil beschimpft und versucht, Sympathie oder einen Verbündeten in dem schwächeren Elternteil zu gewinnen, was zur Uneinigkeit der Eltern führt.

Wenn es um einen Jugendlichen mit Magersucht geht, wird die Elternschaft plötzlich fremd und die Eltern beginnen, an ihren eigenen Fähigkeiten zu zweifeln. Sie sind schockiert, dass ihre normalen elterlichen Fähigkeiten und Strategien nicht mehr zu funktionieren scheinen. Die neue Familienkrise führt zu Instabilität und die Eltern wissen nicht, wie sie mit ihrem Jugendlichen umgehen sollen. Uneinigkeit und Kritik der Eltern zeigen sofort ihr hässliches Gesicht, wenn ein Elternteil versucht, eine Situation zu bewältigen und scheitert. Dies kann dazu führen, dass der andere Elternteil die Bemühungen seines Partners kritisiert und das Gefühl hat, einen besseren Weg zu kennen, um mit der Situation umzugehen, nur um ebenfalls zu scheitern. Leider ist in diesem Fall die Magersucht der einzige Sieger.

Zur elterlichen Uneinigkeit trägt die ständige Belastung durch die Not Ihres Kindes bei. Ein verzweifeltes Kind macht den Eltern Angst und erzeugt Hilflosigkeit. Ihr magersüchtiger Jugendlicher wird, wenn er mit Essen konfrontiert wird, sehr verzweifelt sein, höchstwahrscheinlich schreien und weinen und es wird Ihnen unweigerlich zu Herzen gehen, wenn Sie ihn leiden sehen. Wenn dies geschieht, ist es normal, dass Eltern von einem Gefühl der Hilflosigkeit und Verwirrung geplagt und überwältigt werden, bis hin zu der Überzeugung, dass es besser ist, dem Kind nachzugeben und seine Nahrungszufuhr zu reduzieren. Sie müssen sich darüber klar werden, ob Ihre Reaktion auf Ihr Kind von Ihrer eigenen Angst als Reaktion auf dessen Not getrieben wird. Sie müssen Ihre eigenen Ängste überwinden und den Weg weitergehen, um Ihr Kind genesen zu lassen.

Eltern müssen erkennen, dass die aufbauende Ernährung eines magersüchtigen Jugendlichen KEINE normale elterliche Aufgabe ist. Es ist eine Methode, um Ihr Kind genesen zu lassen und sein Gewicht wiederherzustellen. Daher muss sie von beiden Elternteilen genau gleich angewendet werden.

Eine passende Analogie für Eltern zu dieser Aussage ist folgende Situation: Wenn ein Arzt Ihrem Kind die Einnahme eines Antibiotikums alle vier Stunden verschrieben hat, würden Sie wahrscheinlich beide das Medikament genau so verabreichen. Beide Elternteile würden sich an das Rezept und die Dosierung halten. Es wäre lächerlich zu glauben, dass ein Elternteil die Dosis viermal täglich auf 2 Tabletten ändert oder das Medikament möglicherweise ad hoc verabreicht. Wenn Sie sich „aufbauende Ernährung" als ein Rezept vorstellen können, das Sie **BEIDE** einhalten und gemäß den Vorschriften verabreichen müssen, erleichtert dies die Zusammenarbeit erheblich, da einzelne Werte die Aufgabe nicht beeinträchtigen.

Ihre emotionale Antwort auf Ihr Kind

Es gibt vier emotionale Arten, wie Eltern auf ihr Kind reagieren - Apathie, Sympathie, Empathie und Mitgefühl.

Mitgefühl — Weiß, was zu tun ist
Empathie — Versucht, es leichter zu machen
Sympathie — Gemeinsam leiden
Apathie — Versteht nicht

APATHIE

Ganz unten steht die Apathie. Apathie bedeutet, dass Sie nicht mit dem verbunden sind, was gerade passiert. Eltern reagieren normalerweise so, wenn sie Schwierigkeiten haben, die Magersucht und was mit ihrem Kind passiert, zu verstehen. Dies ist offensichtlich, wenn Sie Eltern sagen hören: „Warum isst er / sie nicht einfach?" Oder „Wie schwer kann es sein, zu essen? Er / Sie ist nur stur". Die Botschaft, die Sie Ihrem Kind geben, lautet: „Ich verstehe nicht, was mit dir passiert. Ich bin nicht mit dem verbunden, was du fühlst."

SYMPATHIE

Eltern haben normalerweise viel Mitgefühl, weil sie sich um ihr Kind sorgen. Wenn sie es verzweifelt sehen, führt dies normalerweise zu viel Mitgefühl. Sympathie bedeutet im Grunde „zusammen leiden". Zu viel Sympathie wird Ihr Kind jedoch nicht gesund machen. Die Botschaft, die Sie mit Sympathie übermitteln, lautet: „Du tust mir leid, und ich verstehe, wie schwer es für dich ist. Ich kann es dir nicht noch schwerer machen, also werde ich nicht darauf bestehen, dass du alles isst, was du eigentlich essen musst. Ich werde einfach bei dir sitzen und dein Leiden mit dir teilen." Wenn Ihre einzige Antwort Sympathie ist, werden Sie und Ihr Kind nicht weiterkommen.

EMPATHIE

Gehen wir weiter zu Empathie. Wenn Eltern einfühlsam sind, können sie wirklich verstehen, wie schwer es für ihr Kind ist. Ihr Kind weiß auch, dass Sie dies verstehen, sodass Sie beide mit diesem gemeinsamen Verständnis in Verbindung bleiben. Empathische Eltern fühlen sich mit der Not ihres Kindes so verbunden, dass sie ihrem Kind das Essen so einfach wie möglich machen möchten. Deswegen bieten sie ihrem Kind nur Essen an, das es glücklich macht, was normalerweise leichtes Essen ist oder das, was Ihr Kind „sicheres Essen" nennt. Während Sie mit viel Einfühlungsvermögen eine gewisse Verbesserung feststellen können, stecken Sie und Ihr Kind fest. Noch einmal: Mit zu viel Empathie wird Ihr Kind niemals eine vollständige Genesung erreichen. Eine vollständige Genesung bedeutet normalisierte, gesunde Ernährung und das werden Sie nicht erreichen, wenn Ihr Kind sich nie damit wohl fühlt, alles zu essen, einschließlich der „Angstlebensmittel", die es vor der Magersucht problemlos gegessen hat. Wenn Sie zu einfühlsam sind, lautet die Botschaft, die Sie Ihrem Kind geben, „Ich verstehe deine Situation und werde es dir auf Kosten einer vollständigen Genesung so einfach wie möglich machen."

MITGEFÜHL

Schließlich gibt es das Mitgefühl. Wenn Sie mitfühlend sind, verstehen Sie die Lage Ihres Kindes wirklich. Sie verstehen wirklich, wie Ihr Kind zu kämpfen hat – aber Sie verstehen auch, dass es sich niemals erholen und ein normales Jugendleben führen wird, wenn Sie es nicht aus dieser Situation herausholen. Mit Mitgefühl sind Sie entschlossen, die Dinge besser zu machen, egal wie schwer es ist. Die Botschaft, die Sie senden, lautet: „Ich verstehe dich und fühle mit dir, aber ich werde dir helfen. Ich werde dich von dem Ort wegbringen, an dem du so feststeckst. "

Angesichts der Intensität der Behandlung werden Sie zwischen diesen vier Emotionen wechseln, aber letztendlich müssen Sie die meiste Zeit (90–95 %) mit Mitgefühl arbeiten, um Ihr Kind genesen zu lassen.

Es ist leicht, mitfühlend mit jemandem zu sein, der dies will. Denken Sie aber daran, dass ein Teil Ihres Kindes Ihre Hilfe nicht möchte, dass es dünn sein will und darum kämpft, dünn zu bleiben. Deshalb müssen Sie an Ihrer Aufgabe festhalten, auch wenn Sie Wutausbrüchen ihres Kindes ausgesetzt sind. Seien Sie darauf vorbereitet, dass Ihr Kind nicht kampflos aufgibt, und erinnern Sie sich an das Sprichwort „vereint stehen wir, geteilt fallen wir". Ihr Kind braucht Sie beide, um vereint zu sein.

Eine gute Möglichkeit, auf dem richtigen Weg zu bleiben, besteht darin, Mantras zu entwickeln, die innerlich wiederholt werden können, wenn Sie sich frustriert fühlen und / oder Ihrem Kind nachgeben möchten. Es folgen einige Beispiele.

· *Mein Kind braucht mich, um das durchzuhalten.*

· *Wir werden eine Mahlzeit nach der anderen und einen Tag nach dem anderen durchstehen.*

· *Er / Sie hat Angst und kann keine angemessenen Entscheidungen treffen.*

· *Es ist nicht mein Kind, das mir das sagt, es ist die Magersucht.*

· *Er / Sie muss essen, um gesund zu werden. Nur so kann ich mein Kind zurückbekommen.*

· *Er / sie braucht uns, um ihm / ihr zu helfen. Er / Sie kann die Anorexie nicht allein bekämpfen.*

· *Essen ist das einzige, um ihn / sie aus dieser Not zu befreien.*

· *Sein / Ihr aggressives Verhalten ist ein Schrei nach Hilfe.*

· *Die Magersucht quält ihn / sie; ich muss ihm / ihr nur zu essen geben.*

Es ist wichtig, sich nicht entmutigen zu lassen, wenn etwas schief geht, und es gibt unvermeidlich Zeiten, in denen dies trotz Ihrer Bemühungen der Fall ist. Dies ist eine Zeit, in der Sie Ihre Entschlossenheit stärken und planen sollten, wie Sie die Dinge beim nächsten Mal anders machen können. Im Folgenden finden Sie ein Problemlösungsrad, das viele Eltern nützlich finden, und das häufig verwendet werden sollte, da es die Unterstützung und Kommunikation zwischen den Eltern fördert.

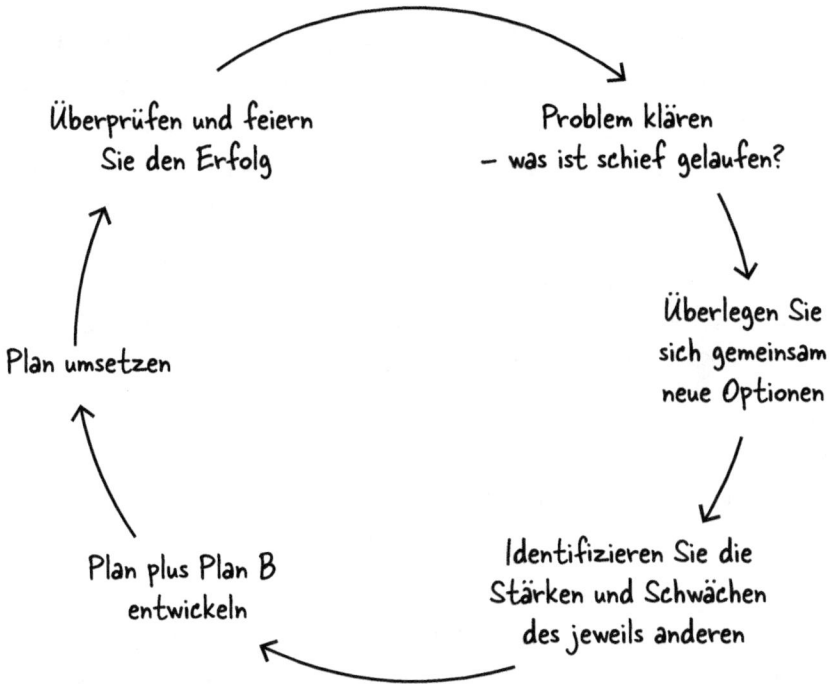

Überprüfen und feiern
Sie den Erfolg

Problem klären
— was ist schief gelaufen?

Überlegen Sie
sich gemeinsam
neue Optionen

Plan umsetzen

Plan plus Plan B
entwickeln

Identifizieren Sie die
Stärken und Schwächen
des jeweils anderen

Wie soll ich auf mein Kind reagieren?

Was gibt Kindern und Jugendlichen ein Gefühl von Sicherheit?

Eine der Hauptaufgaben von Eltern ist die Erziehung selbstsicherer Kinder. Dazu müssen sie ein beständiges und zuverlässiges Umfeld schaffen, in dem sich Kinder sicher fühlen, Grenzen zu erkunden und zu überschreiten – und zu wissen, dass ihre Eltern verfügbar sind, falls sie einmal scheitern sollten. Damit dies geschieht, müssen Eltern angemessene Grenzen festlegen und klarstellen, was akzeptables Verhalten **ist** und was **nicht**. Dies wird als autoritative und pflegende Elternschaft bezeichnet, bei der das Kind Vertrauen in seine Eltern hat. Nichts ist für ein Kind beängstigender, als sich außer Kontrolle zu fühlen, verbunden mit dem Wissen, dass es seinen Eltern ebenso geht.

Durch die Magersucht fühlt sich Ihr Kind trotz seiner Illusion und Proteste, dass es die Kontrolle hat, völlig außer Kontrolle. Andernfalls würde es seine Gesundheit nicht in dem Maße gefährden, wie es das tut. Leider fühlen sich Eltern durch die Magersucht auch außer Kontrolle.

Wenn Eltern Anzeichen dafür zeigen, dass sie entweder von der Magersucht oder vom Verhalten ihres Kindes eingeschüchtert sind, bekommt das Kind das Gefühl, dass es sich nicht auf seine Eltern verlassen kann und dass seine Eltern nicht für es da sind, wenn es sie am dringendsten braucht. Alternativ können Anzeichen, dass Eltern von der Magersucht eingeschüchtert sind, dem Kind auch das Gefühl geben, dass es allmächtig ist und daher die einzige Person ist, die es schützen kann. Wenn Ihr Kind von Ihnen kein Gefühl der Sicherheit erhält, bleibt nur die Magersucht, der es vertrauen kann. Daher wird Ihr Kind weiterhin von der Magersucht beherrscht. Diese Selbstabhängigkeit und Abhängigkeit von der Magersucht hält Ihr Kind auch davon ab, Hilfe von anderen anzunehmen.

Sie müssen ruhig und ohne Verurteilung auf Ihr Kind reagieren, obwohl Ihr Kind Bedrängnis und Wut zeigt. Sie müssen Ihrem Kind zeigen, dass Sie die Kontrolle über die Situation haben und wissen, was Sie tun, obwohl Sie innerlich möglicherweise gleichermaßen verzweifelt sind und sich unsicher fühlen. Ihre feste Überzeugung, dass Sie das Richtige tun, wird Ihr Kind emotional stärken und in Sicherheit bringen. Wenn die Eltern, also die Menschen, denen es ein ganzes Leben lang vertraut hat, ihm nicht helfen können, denkt es automatisch, dass dies niemand kann und ist daher unsicher.

Praktische Übung, die zeigt, dass man sich sicher fühlt – Schließen Sie für einen Moment die Augen und stellen Sie sich vor, Sie befinden sich in einem Raum mit einer Gruppe von Freunden und im nächsten Raum brennt ein Feuer. Ein Feuerwehrmann kommt panisch und gestresst in Ihr Zimmer gerannt, winkt schreiend mit den Armen und schreit wiederholt, dass es im nächsten Raum ein Feuer gibt, das außer Kontrolle geraten ist. Er sagt, dass er sich nicht sicher sei, ob das Feuer gelöscht werden könne, und er sei sich auch nicht sicher, ob er alle schnell und sicher herausholen könne. Trotz der besten Absichten des Feuerwehrmanns weckt sein mangelndes Vertrauen sofort Ihre Angst und die Befürchtung, dass Sie sterben könnten; dass Sie nicht darauf vertrauen können, dass er Sie in Sicherheit bringt. Das Handeln des Feuerwehrmanns hat auch Sie unsicher gemacht. Sie beginnen, sich zu fragen, ob Sie ihm zuhören sollten und ob er wirklich weiß, was er tut.

Stellen Sie sich jetzt dasselbe Szenario vor, aber dieses Mal kommt der Feuerwehrmann sehr ruhig in Ihr Zimmer und erklärt, dass es in dem nächsten Raum ein Feuer gäbe und dass alles unter Kontrolle sei. Das Feuer würde in Kürze gelöscht werden, es gibt nichts zu befürchten, und wenn Sie einfach nur seinen Anweisungen folgten und ruhig blieben, werde er alle in Sicherheit bringen können. Bei diesem Feuerwehrmann fühlen Sie sich automatisch gut aufgehoben und sicher.

Sie müssen auf ähnliche Art und Weise auf Ihr Kind reagieren – als ruhiger und selbstbewusster Feuerwehrmann, damit sich Ihr Kind in dem Glauben, dass Sie ihm helfen können und werden, gut aufgehoben und sicher fühlen kann. *Die Botschaft an Ihr Kind lautet, dass Sie es beschützen und nicht zulassen, dass ihm etwas geschieht.*

Wenn Sie mit Ihrem Kind umgehen und das Gefühl haben, die Kontrolle zu verlieren und wütend zu werden, entschuldigen Sie sich, gehen Sie weg und lassen Sie Ihren Partner übernehmen. Wenn Sie wütend auf Ihr Kind werden, fühlen Sie sich nur schuldig. Es sendet auch eine Nachricht an die Magersucht: dass sie Sie zermürbt und gewinnt. Daher muss die Magersucht nur das Verhalten fortsetzen, um Sie ausreichend zu frustrieren und Sie davon zu überzeugen, aufzugeben.

Manchmal haben Eltern Angst oder sind gleichermaßen besorgt über die Wut und Verzweiflung ihres Kindes, und sie haben das Gefühl, dass sie ihr Kind durch das „Aufdrängen" von Nahrungsmitteln noch mehr in Bedrängnis bringen. Dies ist die Art der Magersucht, Sie von dem abzulenken, was Sie tun müssen. Die einzige Möglichkeit, die Not Ihres Kindes zu lindern, besteht darin, Ihr Kind wieder auf ein gesundes Gewicht zu bringen. Daher müssen Sie an der Aufgabe festhalten und Ihrem Kind Nahrung zuführen. Ihr Kind kann sich vorübergehend glücklich fühlen, wenn Sie es nicht mehr zum Essen zwingen, aber innerlich wird es weiterhin von der Magersucht gequält, wenn es bei seinem ungesunden Gewicht und einer für die Körperfunktionen und physische Entwicklung unzureichenden Nahrung bleibt.

Wie gehe ich mit der Not meines Kindes um?

Viele Eltern haben Schwierigkeiten, die Not ihres Kindes zu verstehen und damit umzugehen. Wenn Eltern beobachten, dass ihr Kind die Kontrolle verliert, dass es weint, schreit und extreme Qualen leidet, fühlen sich die Eltern sehr verwundbar, machtlos und verletzlich, ebenso in Not wie ihr Kind.

Die meisten Kinder, die an Magersucht leiden, sind sehr unglücklich über die Menge an Nahrung, die sie zu sich nehmen müssen und die folgende Gewichtszunahme. Sowohl Nahrung als auch Gewichtszunahme geben Ihrem Kind normalerweise das Gefühl, die Kontrolle zu verlieren. Einige Jugendliche sind so verzweifelt, dass sie sich selbst verletzen, mit Selbstmord drohen, versuchen wegzulaufen und ihre Eltern gegenüber gewalttätig werden. Sie müssen sich daran erinnern, warum Ihr Kind so verzweifelt ist (siehe die auf den Seiten 11 bis 14 beschriebenen Faktoren). Wenn es Ihrem Kind wieder besser geht, sollten diese Verhaltensweisen nachlassen. Leider können bei einigen Jugendlichen die durch die Magersucht verursachten Gedanken etwas länger andauern, bei einigen Jugendlichen 12 bis 18 Monate, bevor sie vollständig verschwinden. Denken Sie daran, dass Ihr Kind ein Trauma im Gehirn erlitten hat, daher braucht das Gehirn Zeit, um sich zu erholen. Wenn sich Ihr Kind beispielsweise einen schweren Beinbruch zugezogen hat, würde es ebenso eine beträchtliche Zeit dauern, bis Ihr Kind sein Bein wieder voll nutzen und an Wettrennen teilnehmen kann.

Nancy Zucker beschreibt Emotionen als ähnlich zu Wellen. Nancys Analogie hilft Eltern, visuell zu verstehen, was mit ihrem Kind passiert, wenn es verzweifelt ist. Es hilft Eltern auch, sich bewusst zu werden, wie die Emotionen ihres Kindes eskalieren, wenn die „emotionale Welle" hochschlägt.[12]

Wenn Ihr Kind auf eine Situation trifft, mit der es nicht fertig wird, erhöht dies seine emotionale Energie. Je näher Ihr Kind dem Scheitelpunkt seiner emotionalen Welle kommt, desto intensiver ist seine Not. Wenn Ihr Kind zum Beispiel mit Nahrung konfrontiert wird, beginnt die Qual Ihres Kindes (emotionale Energie) zu steigen. Wenn Ihr Kind von der emotionalen Welle getroffen wird, nimmt die Fähigkeit Ihres Kindes ab, klar zu denken und die emotionale Kontrolle wiederzugewinnen. Wenn Ihr Kind den Höhepunkt seiner emotionalen Welle erreicht hat, befindet es sich in einem Zustand extremer emotionaler Erregung, und zu diesem Zeitpunkt sind seine Ängste und Gefühle so intensiv, dass es nicht auf Logik oder Beweisführung reagieren kann. Wenn die Welle in Ihrem Kind aufsteigt, erfordert jede Höhe eine andere Reaktion.

Ihr Kind braucht Ihre Hilfe, um von seiner emotionalen Welle herunterzukommen und in einen ruhigeren Zustand zurückzukehren. Ihre Aufgabe ist es, zu lernen, wie Sie Ihr Kind beruhigen und ihm helfen können, Fähigkeiten für diesen Prozess zu entwickeln.

Wenn die Welle in Ihrem Kind aufsteigt, ist es an der Zeit, mit Ablenkung und selbstberuhigenden Techniken einzugreifen. Ihr Kind hat zu diesem Zeitpunkt noch eine gewisse Fähigkeit, sich zu konzentrieren und sich eventuell selbst zu regulieren. Sobald es sich jedoch auf dem Kamm der Welle befindet, funktionieren Reden und Logik nicht mehr, und es ist am besten, ihrem Kind durch eine Umarmung Trost zu spenden und ihm zu sagen, dass sie es beschützen werden. Es ist am besten, einzugreifen, bevor Ihr Kind den Wellenkamm erreicht hat.

Auf dem Wellenkamm – extreme emotionale Erregung. Ihr Kind kann weder auf Logik noch auf Vernunft reagieren.

Mitte der Welle – Ihr Kind hat noch geringe Kapazitäten, um auf Vernunft zu reagieren und Ablenkung kann in diesem Stadium noch funktionieren.

Am Fuß der Welle – Wenn Sie bemerken, dass die emotionale Energie steigt, intervenieren Sie sofort mit Beruhigungs- oder Ablenkungstechniken.

Wie bekomme ich mein kind von der emotionalen welle herunter?

Ablenkung ist der Prozess, so intensiv über etwas nachzudenken, dass Sie den Fokus auf den ursprünglichen Gedanken / die ursprüngliche Situation verlieren, der / die die Not verursacht hat. Ablenkung lenkt Ihre Aufmerksamkeit auch vorübergehend von starken Emotionen ab. Eltern wenden Ablenkungstechniken an, wenn sie wissen, dass ihr Kind einer belastenden Situation ausgesetzt wird oder ist. Für magersüchtige Jugendliche sind die belastendsten Situationen normalerweise mit Lebensmitteln und Essen verbunden und finden entweder vor, nach oder während der eigentlichen Essenszeit statt. Daher sollte die Ablenkungsstrategie mit der Zeit zusammenfallen, in der die Angst Ihres Kindes ihren Höhepunkt erreicht.

· **Nach einer Mahlzeit** – Anorexie kann dazu führen, dass sich Ihr Kind nach einer Mahlzeit extrem schuldig fühlt, da es möglicherweise von selbstverachtenden Gedanken und dem Gefühl des Versagens aufgrund von Kontrollverlust überflutet wird. Wenn Ihr Kind sich in diesem Zustand befindet, ist es normalerweise versucht, die aufgenommenen Kalorien entweder durch Erbrechen und / oder durch Bewegung loszuwerden. Nach dem Essen ist ein guter Zeitpunkt, um Aktivitäten vorzuschlagen, die es von diesen Gedanken ablenken.

· **Vor dem Essen** – Viele Jugendliche sind vor dem Essen sehr aufgeregt, wenn sie über die Menge und die Lebensmittel nachdenken, die ihre Eltern ihnen zum Essen geben. Sie werden den Drang haben zu wissen, was ihre Eltern zubereiten und was sie in die Mahlzeit hineingeben. Es ist dann einfacher, Ihr Kind von der Küche fernzuhalten, und wahrscheinlich ein guter Zeitpunkt, um beruhigende Techniken und / oder Ablenkungstechniken anzuwenden.

· **Während des Essens** – Die Mahlzeiten können ebenfalls eine schwierige Zeit sein, daher sollten Sie für Ablenkung sorgen. Viele Familien sitzen während der Mahlzeiten zusammen und versuchen, Gespräche über tägliche Ereignisse in Gang zu bringen, die nichts mit Essen zu tun haben und ihr Kind ablenken. Viele erlauben ihren Jugendlichen, ihre

Lieblingsfernsehshows oder YouTube-Videos zu sehen oder Videospiele zu spielen, während sie nebenbei essen.

Es liegt an Ihnen, Ihren Feind zu kennen – die Magersucht. Sie müssen wissen, wann die Magersucht am stärksten ist. Ist es das Frühstück oder Abendessen? Wenn die Magersucht am stärksten ist, sollten Sie mit Strategien und einem Plan zur Bewältigung der Not Ihres Kindes darauf vorbereitet sein.

Die Not ihres Kindes beschränkt sich nicht nur auf Lebensmittel, Essen und Gewichtszunahme. Es kommt während der gesamten Behandlung vor, dass Ihr Kind aufgrund von Gedanken über sein Körperbild in Bedrängnis gerät, insbesondere, wenn die Kleidung enger wird und / oder es sich im Spiegel sieht. Lernen Sie, diese Situationen schnell zu erkennen, bevor Ihr Kind auf seiner emotionalen Welle zu hoch steigt. Denken Sie daran: Je niedriger die Welle ist, desto einfacher ist es, sie wieder an den Strand zu bringen.

Eltern kennen meist die Vorlieben und Abneigungen ihres Kindes, und jede Ablenkungsstrategie ist normalerweise erfolgreicher, wenn sie sich auf die Interessen Ihres Kindes konzentriert.

Es folgen Strategien, die viele Eltern als nützlich empfunden haben. Sie können kreativ sein und Ihre eigenen Ideen entwickeln, da niemand Ihr Kind besser kennt als Sie. Denken Sie daran, dass die Strategie Ihrem Kind helfen muss, seine Aufmerksamkeit voll und ganz auf die Aktivität zu richten, die Sie vorschlagen. Zu Beginn der Behandlung darf die Strategie keinen großen Kalorienverbrauch beinhalten und muss daher sitzend umzusetzen sein. Wenn Ihr Kind an Gewicht zunimmt, können Aktivitäten wie ein kurzer Spaziergang usw. mit mehr Bewegung verbunden sein. Sie sollten jedoch in Bezug auf zusätzliche körperliche Aktivitäten mit ihrem FBT-Therapeuten Rücksprache halten.

ABLENKUNGSSTRATEGIEN

- **Zentangle** – ist eine komplizierte Kunstform, die viel Konzentration erfordert, und viele künstlerische Jugendliche lieben diese Technik normalerweise. Es wird auch „Yoga für den Geist" genannt.

- **Ausmalbücher** sind in der Regel sehr entspannend und geistig anregend.

- **TV und YouTube** sind gute Ablenkungen, insbesondere Videos wie „Die lustigsten Heimvideos" und „Die lustigsten Katzen- / Tiervideos". Katzenvideos sind eigentlich die meistgesehenen Youtube- Videos und sehr lustig und ablenkend.

- **Kreative Künste** – Wenn Ihr Kind kreativ ist und gerne Dinge gestaltet, dann seien Sie kreativ mit ihm.

- **Hörbücher** – Wenn Ihr Kind ein begeisterter Leser war, kann ein Hörbuch zum Lieblingsbuch beim Essen von der eigentlichen Mahlzeit ablenken.

- **Kostenlose Online-Puzzles**, Spiele usw.

SELBSTBERUHIGENDE STRATEGIEN

- Entspannende Meditation / Zen-Musik hören. Die App PANDORA bietet eine große Auswahl an entspannender Musik, die Sie kostenlos herunterladen können.

- Apps mit Atemtechniken und zum Beruhigen – z. B. Smiling Mind und Fast Calm

- Geführte Meditationen und Visualisierungen – Es gibt viele Apps dafür oder Sie leiten Ihr Kind an

Denken Sie daran, dass die Ablenkung interessant, fesselnd, eindringlich sein und über einen längeren Zeitraum einen Fokus bieten muss.

Elternreflexion über Ablenkungstechniken während der aufbauenden Ernährung

Unsere FBT-Therapeutin machte unsere Tochter mit „Zentangle" oder „Yoga für den Geist" bekannt. Während der Mahlzeiten schuf unsere Tochter ihre eigenen Zentangle-Bilder, die ihr bei vielen schwierigen Mahlzeiten halfen. Sie waren kreativ, erforderten Liebe zum Detail und beruhigten sie vor allem. Die Zeichnungen waren wunderschön und sie war stolz auf ihre Kunstwerke.

Unsere Tochter entdeckte auch eine Atemmethode, um sich innerlich während besonders belastender Mahlzeiten zu beruhigen. Sie stellte sich ein „Quadrat" vor und fing an, vom unteren Rand des Quadrats in vier Schritten bis zum oberen Rand des Quadrats einzuatmen, vier Schritte über die Oberseite des Quadrats die Luft anzuhalten und in vier Schritten bis zum unteren Rand des Quadrats auszuatmen, dann hielt sie den Atem für vier Schritte an, um die letzte untere Zählung von rechts nach links zu erhalten. Dies verlangsamte ihre Herzfrequenz und trug etwas dazu bei, ihre Angst zu lindern.

Nach den Mahlzeiten stellten wir fest, dass es wichtig war, unsere Tochter von ihrer Not abzulenken. Oft machten wir zusammen einen 20-minütigen Spaziergang. Dies gab unserer Tochter die Möglichkeit, sich zu unterhalten. Oder auch nicht! Egal ob still oder gesprächig, sie fühlte sich nach einem Spaziergang im Allgemeinen entspannter und ruhiger.

Alternativ spielten wir nach dem Essen Tischtennis! Wir besaßen keine Tischtennisplatte, also machten wir das nächstbeste und kauften Schläger, Bälle und ein tragbares Netz, das an unserem Esstisch festgeklemmt wurde. Wir haben als Familie stundenlang Tischtennis gespielt und sind alle extrem gut darin geworden!

Außerdem kauften wir alle DVDs von „Friends" und unsere Tochter sah sich nach dem Abendessen zwei bis drei Folgen pro Abend an. Sie freute sich darauf und es war wunderbar, sie wieder lachen zu sehen.

In den ersten Tagen der aufbauenden Ernährung beschlossen wir, ein Hündchen anzuschaffen, nicht nur für unsere Tochter, sondern auch für unsere ganze Familie. Unsere jüngeren Kinder waren tief betroffen von der emotionalen Achterbahnfahrt der aufbauenden Ernährung und unser wunderschöner Hund gab und gibt unserer Tochter und ihren Geschwistern so viel Liebe und Trost. Unsere Tochter sagt oft, sie weiß einfach nicht, was sie ohne unseren Familienhund getan hätte. Das Hündchen war zu den Mahlzeiten nicht anwesend!

Anorexia nervosa ist eine komplexe Krankheit und wir hatten oft das Gefühl, „on the job" zu lernen. In jeder freien Minute haben wir uns anhand von Büchern über Essstörungen informiert, an EDV-Meetings teilgenommen und online über das „FEAST Around the Dinner Table" Forum nach Antworten gesucht. Wir nahmen auch an einer Konferenz über Essstörungen teil, die aufschlussreich und informativ war und uns die Gelegenheit gab, mit anderen Familien von Betroffenen in Kontakt zu treten. Wir wussten, dass es wichtig ist, so viele Informationen und Kenntnisse wie möglich zu sammeln, um unserer Tochter zu helfen, sich von ihrer Krankheit zu erholen.

Geschrieben von einer Mutter eines Kindes mit Magersucht

EINFACHE TIPPS, UM IHREM KIND ZU HELFEN, SEINE ANGST ZU KONTROLLIEREN

Aktuelle Forschungsergebnisse zeigen, dass ein starker Zusammenhang zwischen Angst- und Essstörungen besteht. Ein hoher Prozentsatz der Jugendlichen mit Anorexie leidet seit der Kindheit unter Angstzuständen. Dies ist ein Hinweis auf schwerere Symptome der Essstörung.[13] Es wird davon ausgegangen, dass Jugendliche mit schon vorher vorhandener Angst nach der Wiederherstellung des Gewichts weiterhin sehr ängstlich sind. Während der Magersucht entwickelt Ihr Kind viele unrealistische Ängste und Gedanken über Lebensmittel, die bereits bestehende Ängste verschlimmern. Ihr Kind wird auch von „vorweggenommener Angst" betroffen sein. Das bedeutet, dass es sehr ängstlich wird, wenn es sich der nächsten Mahlzeit stellen muss, noch bevor die Mahlzeit überhaupt auf dem Tisch steht.

Einfach ausgedrückt, ist Angst das Ergebnis der gedanklichen Überzeugung, mit einer bestimmten Situation oder einem bestimmten Ereignis nicht fertig zu werden. Ein Beispiel: Gedanke - Ich werde bei meiner Prüfung durchfallen. Ihre Gedanken kreisen ständig darum, bis Sie davon überzeugt sind, dass Sie trotz all Ihrer Bemühungen, für die Prüfung zu lernen, scheitern werden. Sie machen sich tatsächlich ein Bild davon, wie Sie versagen. Indem Sie ständig über das negative Bild / Ergebnis nachdenken, **„verstärken"** Sie es weiter, und indem Sie es verstärken, stärken Sie einen negativen Nervenweg.

Ein guter Weg, um mit dieser Angst umzugehen, besteht darin, das negative Bild / den negativen Gedanken durch positive Bestätigungen zu ersetzen und ein positives Bild davon zu erstellen, wie Sie die Prüfung mit sehr gut abschließen. Sie müssen die positiven Bestätigungen und Gedanken wiederholen und Ihren Erfolg so oft wie möglich den ganzen Tag über visualisieren, wenn Sie ruhig sind. Sie werden schließlich Ihr Gehirn davon überzeugen, dass Sie sehr gut abschließen werden. Sie programmieren Ihr Gehirn tatsächlich neu, indem Sie neue Wege schaffen, die negativen angstbesetzten Wege beseitigen und die Angst reduzieren.

Die Notwendigkeit der Konfrontation

Ein Jugendlicher mit Anorexie und großer Angst entwickelt normalerweise Gedanken und Ängste bezüglich bestimmter Lebensmittel, die er als „schlecht" eingestuft hat, zusammen mit den besorgniserregenden Konsequenzen, die diese Lebensmittel für seinen Körper haben. Der Jugendliche kann auch die Angst entwickeln, vor anderen oder in der Öffentlichkeit zu essen. Seine ständige Sorge um diese Themen wird die Überzeugungen nur verstärken. Trotz der Angst Ihres Kindes müssen Sie Ihrem Kind helfen, diesen Emotionen zu begegnen, indem Sie es dem aussetzen, was es fürchtet. Dies nennt man **Expositionstherapie.** Daher müssen Sie Ihr Kind sanft dazu bringen, die gefürchteten Lebensmittel zu verzehren und in der Öffentlichkeit und mit anderen zu essen. Wenn Sie Ihr Kind nicht dem aussetzen, was es ängstlich macht, werden Sie niemals eine vollständige Genesung erreichen.

Viele dieser Situationen führen zu vorweggenommener Angst. Eine gute Möglichkeit, Ihrem Kind bei der Bewältigung und der Reduzierung seiner Angst zu helfen, ist das Einüben von Atemtechniken. Eine hilfreiche Strategie besteht darin, den ganzen Tag über sogenannte Check-in-Punkte zu entwickeln. Dies geschieht, indem Sie Ihr Kind bitten, bequem zu sitzen, die Hände auf den Bauch zu legen, die Augen zu schließen, langsam tief durch den Bauch zu atmen und das Auf und Ab des Bauches zu spüren, während es sich auf die Atmung konzentriert. Sie bitten es auch, sich vorzustellen, dass es ruhig und präsent ist. Sie müssen dies zwei Minuten lang 10-12 Mal pro Tag tun. Das „Einchecken" kann auch vor und nach den Mahlzeiten hilfreich sein. Diese Übung kann gemeinsam durchgeführt werden oder Sie können Ihr Kind durch die Übung führen. Die ständige Wiederholung des „Eincheckens" zielt darauf ab, Ihrem Kind die Selbstregulierung beizubringen. Viele Eltern finden die Übung auch nützlich, um ihren eigenen Stress und ihre Angst vor der aufbauenden Ernährung zu reduzieren.

QUELLEN FÜR ELTERN

BÜCHER:

Help Your Teenager Beat an Eating Disorder – James Lock and Daniel LeGrange

Brave Girl Eating – Harriet Brown

Decoding Anorexia – Carrie Arnold

My Kid is Back – June Alexander & Daniel le Grange

Skills Based Learning for Caring for a Loved One with an Eating Disorder – Janet Treasure

Eating with your Anorexic, A Mother's Memoir – Laura Collins

BÜCHER FÜR JUGENDLICHE:

Unpack Your Eating Disorder – The Journey to Recovery for Adolescents in Treatment for Anorexia Nervosa & Atypical Anorexia Nervosa – Maria Ganci & Linsey Atkins

Letting Go of ED, Embracing Me – A Journal of Self Discovery – Maria Ganci & Linsey Atkins

WEBSITES:

Netzwerk Magersuchteltern ist eine Organisation für Eltern im deutschsprachigen Raum, deren Kinder an Magersucht (Anorexia nervosa) erkrankt sind. Das Netzwerk wird ehrenamtlich von Eltern für Eltern unterhalten und bietet Unterstützung, Information und FBT-Ressourcen in deutscher Sprache, Online-Eltern-Selbsthilfegruppen und Kontakte zu FBT-Therapeuten.

Webseite: **netzwerk-magersuchteltern.de**
E-Mail: **nachricht@netzwerk-magersuchteltern.de**

Sammlung aller in deutscher Sprache verfügbaren Ressourcen zum Thema FBT (fortlaufende Aktualisierung): **netzwerk-magersuchteltern.de/informationen**

www.maudsleyparents.org Website zur Erläuterung der familienbasierten Behandlung (FBT).

www.feast-ed.org Internationale Organisation für Betreuer von Patienten mit Essstörungen. Bietet Familien Informationen und gegenseitige Unterstützung.

www.aroundthedinnertable.org Forum mit Eltern von Kindern mit Essstörungen, in dem Strategien und Geschichten ausgetauscht werden

Eva Musby – **https://anorexiafamily.com**

www.mindfulnessforteens.com Ressourcen für Achtsamkeit für junge Menschen.

APPS:

Smiling Mind

Fast Calm

VERWEISE

1   Lock J & LeGrange D., *Treatment Manual for Anorexia Nervosa – A Family Based Approach*, Second Ed. 2013, Guilford Press, NY, London. Lock J & LeGrange D., Treatment Manual for Anorexia Nervosa – A Family Based Approach, Second Ed. 2013, Guilford Press, NY, London.

2   Doyle P, LeGrange D, Loeb K, Doyle A, Crosby R, Early response to Family-Based Treatment for adolescent Anorexia Nervosa, 2009, *Int J Eating Disorders*, 43(7):659-62.

3   Lock J, Agras WS, Bryson S, Kraemer HC, 2005: Comparison of short and long-term family therapy for adolescent anorexia nervosa, *J AM Acad Child & Adolescent Psychiatry*, 44:632-639.

4   Lock J, 2015: An Update on Evidence-Based Psychosocial Treatments for Eating Disorders in Children and Adolescents, *Journal of Clinical Child & Adolescent Psychology*, DOI: 10.1080/15374416.2014.971458.

5   Lask B, & Frampton I, *Eating Disorders & the Brain*, 2011, Pub Wiley-Blackwell.

6   Nunn K, Hanstock T, & Lask B, *The Who's Who of the Brain*, 2008, Jessica Kingsley Pub. London & Philadelphia.

7   Nunn K, Frampton I, Gordon I, Lask B, 2008: The Fault is not in her parents but in her insula – a neurobiological hypothesis of anorexia. *Eur Eat Disord Rev*, 16(5):355-60.

8   Kleiman S, Carroll I, Tarantino L, Bulik C, 2015: Gut Feelings: A role for the intestinal microbiota in anorexia nervosa? *Int J Eating Disorders*, 48:449-451.

9   White H, Haycraft E, Madden S, Rhodes P, Miskovic-Wheatley J, Wallis A, Kohn M, Meyer C, 2014: How do parents of adolescent patients with anorexia nervosa interact with their child at mealtimes? *Int J Eating Disorders*, 48(1):72-80.

10 Schebendach JE, Mayer LE, Devlin MJ, Attia E, Contento IR, Wolf RL, Walsh T., 2011, Food choice and diet variety in weight-restored patients with anorexia nervosa. *J Am Diet Assoc*. 111:732-736.

11 Ellison R, Rhodes P, Madden S, Miskovic J, Wallis A, Billie A, Kohn M, Touyz S, 2012: Do the components of manualised family-based treatment for anorexia nervosa predict weight gain? *Int J Eating Disorders*, 45:609-614

12   Zucker N, 2008, Off the Cuff - A Parent Skills Book for the Management of Disordered Eating. Duke University Medical Centre.

13   Kaye W, Wierenga CE, Bailer UF, Simmons AN, Bischoff-Grethe A., 2013, Nothing Tastes as Good as Skinny Feels: The Neurobiology of Anorexia Nervosa. *Trends in Neuroscience*, 36(2).

*   Schätzungen der Prävalenz von Anorexie von der Website Eating Disorders Victoria (eatingdisorders.org.au)

www.ingramcontent.com/pod-product-compliance
Lightning Source LLC
La Vergne TN
LVHW021544080426
835509LV00019B/2830